くもんの小学ドリル

# がんばり3・4年生
# 学習記ろく表

名前

| | | | | | | | |
|---|---|---|---|---|---|---|---|
| 1 | 2 | 3 | 4 | 5 | 6 | 7 | 8 |
| 9 | 10 | 11 | 12 | 13 | 14 | 15 | 16 |
| 17 | 18 | 19 | 20 | 21 | 22 | 23 | 24 |
| 25 | 26 | 27 | 28 | 29 | 30 | 31 | 32 |
| 33 | 34 | 35 | 36 | 37 | 38 | 39 | 40 |
| 41 | 42 | 43 | | | | | |

1さつぜんぶ終わったら、
ここに大きなシールを
はりましょう。

あなたは
「くもんの小学ドリル　3・4年生　プログラミング」を、
さいごまで　やりとげました。
すばらしいです！
これからも　がんばってください。

## おうちのかたへ 監修者より

　私たちの生活は、今やコンピュータによって支えられています。身近な問題解決の
ためにプログラミングを活用したり、より良い社会を築こうとしたりする態度を育む
ことが、Society5.0という新しい社会を生きる子どもたちに求められています。
そのため2020年にプログラミング教育が必修となり、全国の小学校で様々な授業
が行われるようになってきました。

　しかしながら小学校の学習指導要領には、授業で扱うプログラミング言語の規定
はありません。そのためほとんどの学校では、ブロックを使うビジュアル型のプロ
グラミング言語で授業が行われています。しかし 2025年度大学入試共通テスト
から、テキストプログラミングの問題も出題される「情報Ⅰ」が出題教科に加わる
こととなりました。いち早くテキストプログラミングに慣れておくことは、子ども
たちが将来の選択肢を広げる上で重要な意味を持ちます。ローマ字学習や英語活動
が始まる小学校3年生が、学び始める好機です。

　本書は、子どもたちがIchigoJam BASICというテキスト言語を使い、実際に
パソコンを使いながらプログラミングの基礎を学ぶことができる内容で構成されて
います。IchigoJam BASICの習得は、大学入試共通テストで使用される言語や、
Python、JavaScriptなど他のプログラミ
ング言語の理解にもつながります。本書が、
子どもたちの将来に大きく貢献する1冊と
なることを願っています。

**profile : 松田 孝（まつだ・たかし）**

合同会社 MAZDA Incredible Lab 代表。東京学芸大学教育学部卒業。上越教育大学大学
院修士課程修了。早稲田大学大学院教育学研究科博士後期課程任意退学。東京都公立小学校
教諭、指導主事、指導室長を経て、東京都の小学校3校で校長を歴任。2019年3月に辞職し、
同年4月に合同会社 MAZDAIncredibleLab を設立。総務省地域情報化アドバイザー、群馬県
教育イノベーション会議委員、金沢市プログラミング教育ディレクター等も務める。著書に『学校
を変えた最強のプログラミング教育』『IchigoJam でできるテキストプログラミングの授業』（共に
くもん出版）などがある。

## プログラミングってどんなもの？

わたしたちの便利なくらしは、コンピュータのおかげで成り立っています。これからも、コンピュータを使った新しいモノやサービスがどんどん生まれることでしょう。そのため、コンピュータの仕組みを理解し、コンピュータと「お話」ができるようになることは、この社会を生きるすべての人にとって大切なことなのです。

コンピュータを動かすには、人間の言葉をコンピュータの言葉に置きかえて命令する必要があります。この命令のことを「プログラム」といい、プログラムを書くことを「プログラミング」、プログラムを書くために使う言葉を「プログラミング言語」といいます。

プログラミング言語には大きく分けて、ブロックなど図形を組み合わせて作る「ビジュアル型」と、文字や数字、記号だけで作る「テキスト型」があります。テキスト型のプログラミング言語は一見むずかしそうですが、なれればビジュアル型よりも早く、多様なプログラムを作ることができるようになります。

この本では、小型パソコン「IchigoJam」や「IchigoJam web」で動作する、IchigoJam BASICというテキスト型プログラミング言語を使って、実際にプログラミングを体験します。IchigoJam BASICは「BASIC」というプログラミング言語を元に開発された、入門者向けのプログラミング言語です。かんたんな英単語や数字、記号を入力して手軽にプログラムを作ることができるため、はじめてのプログラミング学習にぴったりです。

IchigoJam BASICはスマートフォンやタブレットでも使用できますが、タイピングになれるためにも、この本で問題に取り組むときは、できるだけキーボード付きのパソコンを使うことをおすすめします。

この本を通じて、コンピュータと会話する楽しさを、ぜひ味わってください。

IchigoJam

※IchigoJam web は 59 ページから使用します。

**IchigoJam web**

# 1 順次①

**1** 車のロボット  は、ブロックの命令通りに進みます。──→ は、ロボットの向きを表します。

ブロックの命令

前に1マス進む　　その場で右を向く　　その場で左を向く

見本

ブロックを下のようにならべるとき、ロボットは右のように進みます。

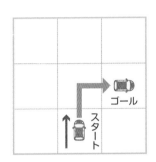

ブロックを使って次のように命令するとき、ロボットが進むマスはどこでしょう。あ〜えから選び、（　）に書きましょう。

[1問 20点]

① 　　　　　　　　　　　　　　　　② 

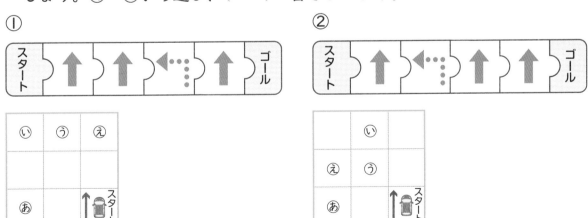

（　　　）　　　　　　　　　（　　　）

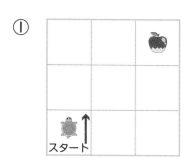

**2** カメのロボット 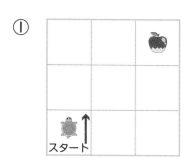 は、ブロックの命令（めいれい）通りに進（すす）みます。ロボットをりんご  のマスまで進（すす）めるとき、ブロックの命令（めいれい）をどのようにならべればよいでしょう。あ〜えから選（えら）び、（　　）に書きましょう。

[ 1問 15点 ]

①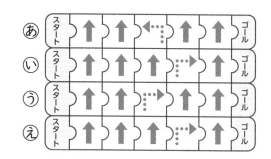

（　　　）

②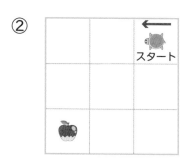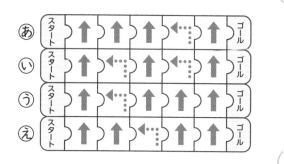

（　　　）

③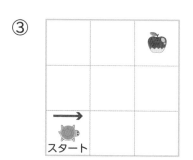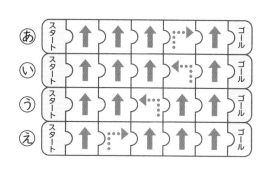

（　　　）

④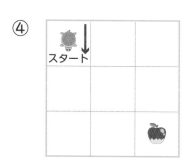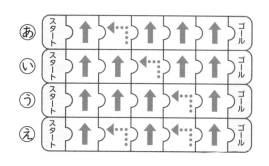

（　　　）

4

1　カメのロボット 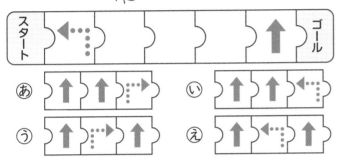 は、ブロックの命令通りに進みます。ブロックの命令を使って、ロボットをゴールのマスまで進めるには、どのようにブロックをならべるとよいでしょう。ブロックのあいているところに入る組み合わせとして、正しいものを㋐～㋓から選び、（　　　）に書きましょう。　　　［1問 20点］

① 　カブトムシ のマスを通って、テントウムシ のマスに行く

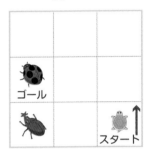

（　　　）

② 　ぞう のマスを通って、ぶた のマスに行く

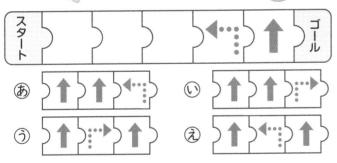

（　　　）

③ 　黄色の花 のマスを通って、ピンクの花 のマスに行く

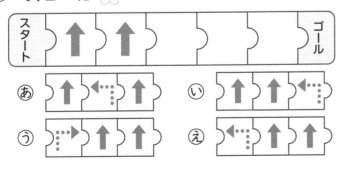
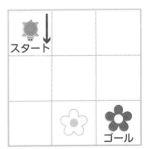

（　　　）

**2** カメのロボット 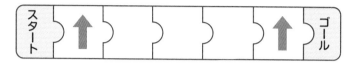 は、ブロックの命令通りに進みます。ロボットをゴールのマスまで進めるには、どのようにブロックをならべるとよいでしょう。ブロックの命令のあいているところに矢印（↑、↱、↰）を書きましょう。ただし、 ⊗ のマスは通れません。

[ 1問10点 ]

① きつね 🦊 のマスを通って、さる 🐵 のマスに行く

② いちご 🍓 のマスを通って、りんご 🍎 のマスに行く

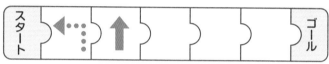

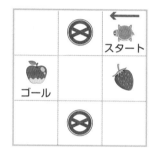

③ オレンジ色の花 🌼 のマスを通って、赤い花 🌺 のマスに行く

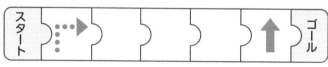

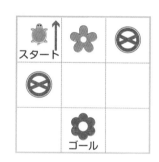

④ 学校 🏫 のマスを通って、書店 🏪 のマスに行く

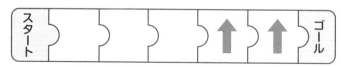

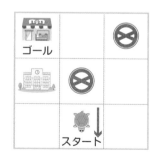

月　日　　時　分～　時　分

名前

点

1️⃣ カメのロボット  は、ブロックの命令通りに進みます。ブロックの命令をまちがえて、ロボットがゴールとはちがうマスに進んでしまいました。ゴールのマスに行くには、どのようにブロックをならべるとよいでしょう。正しいものをあ～えから選び、（　　　）に書きましょう。ただし、❌ のマスは通れません。

[ 1問 20点 ]

① ピンクの花 のマスに行く

まちがった命令

まちがった進み方

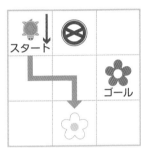

正しい命令

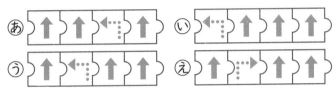

（　　　）

② カブトムシ のマスに行く

まちがった命令

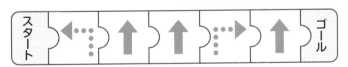

まちがった進み方

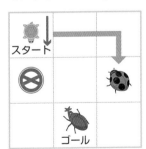

正しい命令

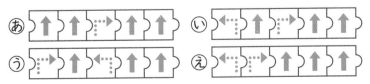

（　　　）

© くもん出版

**2** 車のロボット 🚗 は、ブロックの命令通りに進みます。ブロックの命令を
まちがえて、ロボットがゴールとはちがうマスに進んでしまいました。ゴー
ルのマスに行くには、ブロックの命令をどのように直せばよいでしょう。ブ
ロックの命令のあいているところに矢印（↑、↱、↰）を書きましょう。た
だし、 ⊗ のマスは通れません。

[ 1問 20点 ]

① リンゴ 🍎 のマスに行く
まちがった命令

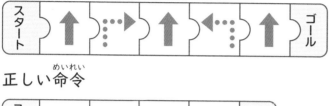

正しい命令

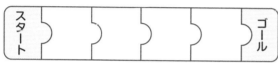

まちがった進み方

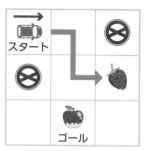

② 赤い花 🌸 のマスに行く
まちがった命令

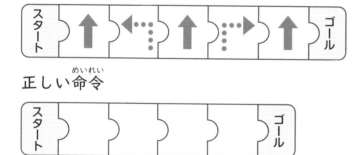

正しい命令

まちがった進み方

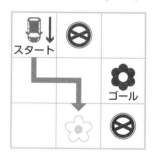

③ ブタ 🐷 のマスに行く
まちがった命令

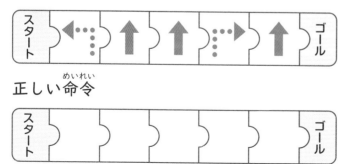

正しい命令

まちがった進み方

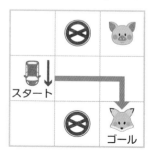

©くもん出版

**1** 車のロボット  は、ブロックの命令通りに進みます。学校 🏫 や書店 🏪 のマスに行くには、どのように命令すればよいでしょう。あ〜うから1つ選び、（　　　　）に書きましょう。

[ 1問10点 ]

① 学校 🏫 のマスに行く。

あ　↑ を6回くり返す。

い　↑ ↑ を2回くり返す。

う　↑ ↑ ↑ を3回くり返す。

（　　　　）

② 書店 🏪 のマスに行く。

あ　↑ ↑ ⋯▶ ↑ を4回くり返す。

い　⋯▶ ↑ ◀⋯ ↑ ◀⋯ ↑ を4回くり返す。

う　⋯▶ ↑ ◀⋯ ↑ ⋯▶ ↑ ◀⋯ ↑ を2回くり返す。

（　　　　）

**2** 車のロボット  は、ブロックの命令通りに進みます。ロボットがゴール
あ～えまで行くには、それぞれの命令を何回くり返せばよいでしょう。
（　　　　）に数字を書きましょう。

[ 1問20点 ]

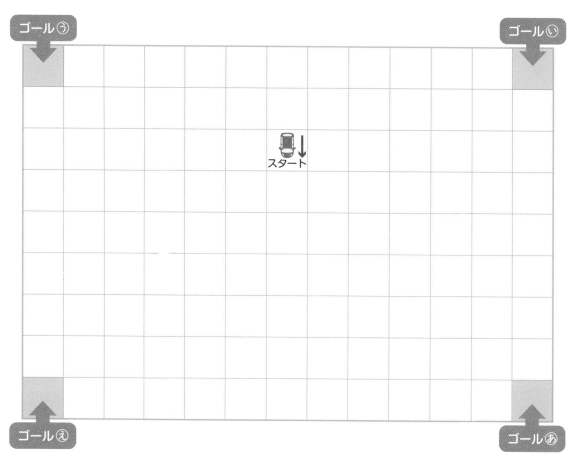

① ゴールあに行くには、
 を（　　　　）回くり返す。

② ゴールいに行くには、
のあと、 を（　　　　）回くり返す。

③ ゴールうに行くには、
のあと、 を（　　　　）回くり返す。

④ ゴールえに行くには、
 を（　　　　）回くり返す。

© くもん出版

# 5 くり返し②

**1** ロボットは、命令通りにカードを左から右にならべます。

次のようにならべるには、どのように命令すればよいでしょう。㋐〜㋒から
1つ選び、（　　）に書きましょう。　　　　　　　　　　　　　[ 1問10点 ]

①

㋐ ◆ ♣ ◆ ♠ を 2 回くり返す。

㋑ ◆ ♣ ◆ を 3 回くり返す。

㋒ ◆ ♣ を 4 回くり返す。

（　　）

② ♠ ♣ ♥ ♠ ♣ ♥ ♠ ♣ ♥

㋐ ♠ ♣ ♥ ♠ を 2 回くり返す。

㋑ ♠ ♣ ♥ を 3 回くり返す。

㋒ ♠ ♣ を 4 回くり返す。

（　　）

**2** ロボットは、命令通りに左から右に絵をかきます。
次のように絵をかくには、それぞれの命令を何回くり返せばよいでしょう。
（　　）に数字を書きましょう。

[1問 20点]

① ☀🌙☀🌙☀🌙☀🌙☀🌙

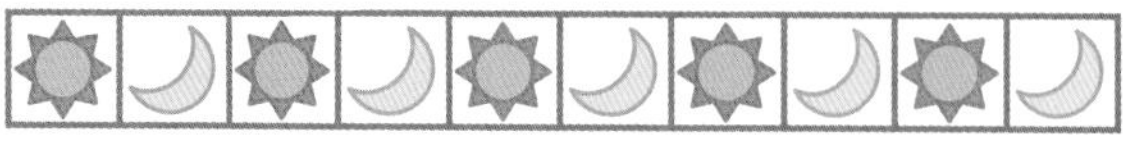

☀🌙 を（　　　）回くり返す。

② 🌙☁★☁🌙🌙☁★☁🌙

🌙☁★☁🌙 を（　　　）回くり返す。

③ ☀🌙☀☀🌙☀☀🌙☀☀🌙☀☀

☀🌙☀ を（　　　）回くり返したあと、☀ を（　　　）回くり返す。

④ →↑←→↑←→↑←→↑←←↑←←↑←

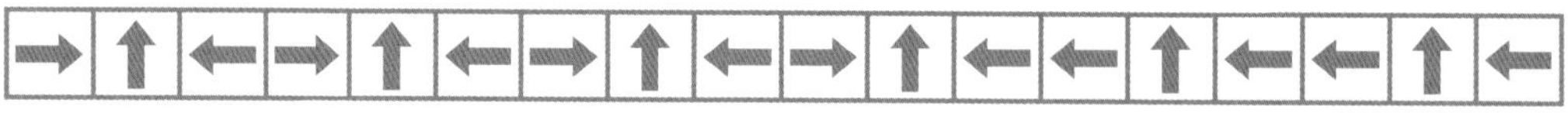

→↑← を（　　　）回くり返したあと、←↑← を（　　　）回くり返す。

月　日　　時　分〜　時　分

名前

点

**1** 車のロボット 🚗 は、ブロックの命令通りに進みます。
花屋 🏠 のマスに行くには、どのように命令すればよいでしょう。（　）に
数字を書きましょう。

[ 1問 20点 ]

① 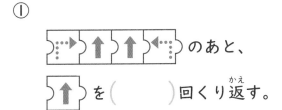 のあと、

➡︎⬆️ を（　　　）回くり返す。

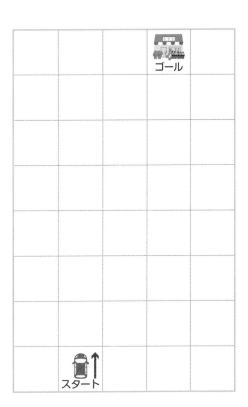

② ⬆️⬆️➡︎⬆️⬅︎ を（　　　）回
くり返したあと、

⬆️ を（　　　）回くり返す。

ゴールまで行くには、進み方のパターンが
いくつか考えられるね！

13

© くもん出版

ロボットは、命令通りに左から数字を書きます。見本と同じように書くには、どのように命令すればよいでしょう。（　　　　）に入る数字を書きましょう。

[ 1問20点 ]

① 見本 | 1 1 1 3 3 3 3 3 5 5 5 |

（　　　）を（　　　）回くり返したあと、

（　　　）を（　　　）回くり返し、（　　　）を（　　　）回くり返す。

② 見本 | 9 3 9 3 9 3 2 5 1 2 5 1 1 1 1 |

（　　　）を（　　　）回くり返したあと、

（　　　）を（　　　）回くり返し、（　　　）を（　　　）回くり返す。

③ 見本 | 1 5 2 1 5 2 2 2 3 4 2 3 4 2 3 4 |

（　　　）を（　　　）回くり返したあと、

（　　　）を（　　　）回くり返し、（　　　）を（　　　）回くり返す。

くり返しのまとまりごとに、線で区切ると
わかりやすくなりそうだね！

# 7 分岐①

**1** 車のロボット  は、分かれ道を次のルールで進みます。ロボットはどこに進むでしょう。あ〜かから1つ選び、（　　　）に書きましょう。 ［1問 40点］

> **ルール**
> ・マンホール◎があったら、右に進む。
> ・三角コーン▲があったら、左に進む。

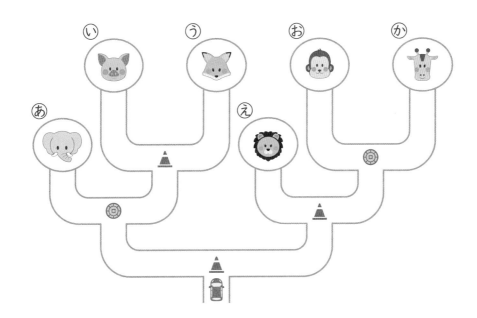

あ（　　　）　　い（　　　）　　う（　　　）

え（　　　）　　お（　　　）　　か（　　　）

**2** カメのロボット  は、分かれ道を次のルールで進みます。ロボットはどこに進むでしょう。あ〜かから１つ選び、（　　）に書きましょう。

［ 1問 30点 ］

**ルール**
・マンホール◉があったら、右に進む。
・三角コーン▲があったら、左に進む。
・何もなかったら、まっすぐ進む。

①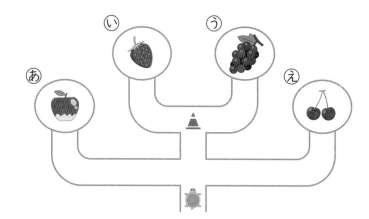

（　　）

②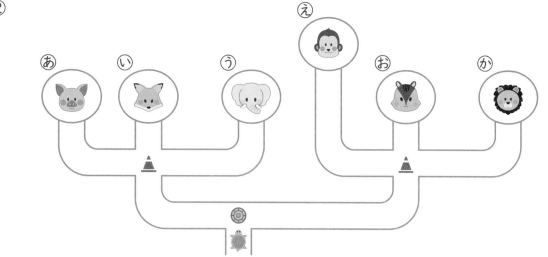

（　　）

# 8 分岐②

**1** 車のロボット  は、分かれ道を次のルールで進みます。あ・いのうち、ゴールにたどり着くものを１つ選び、（　　　）に書きましょう。　　　　[ 40点 ]

> **ルール**
> ・黄色の四角形 □ があったら、まっすぐ進む。
> ・赤色の丸 ● があったら、右に進む。
> ・上の２つに当てはまらなければ、左に進む。

あ

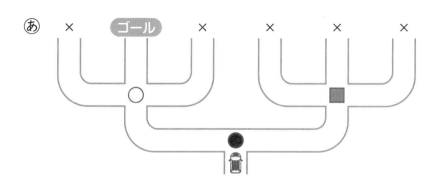

い

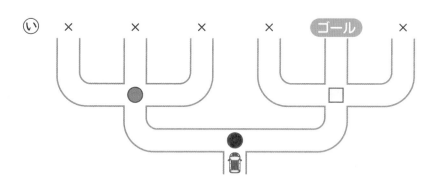

（　　　）

**2** カメのロボット  は、分かれ道を次のルールで進みます。あ・いのうち、ゴールにたどり着くものを1つ選び、（　　）に書きましょう。

[ 1問 30点 ]

> **ルール**
> ・青色の四角形 ■ があったら、まっすぐ進む。
> ・赤色の三角形 ▲ があったら、左に進む。
> ・上の2つに当てはまらなければ、右に進む。

① 

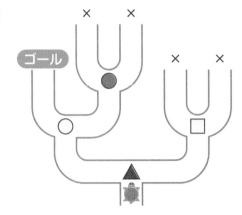

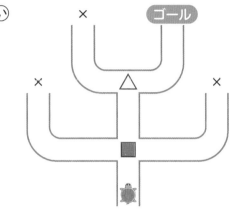

（　　　）

② 

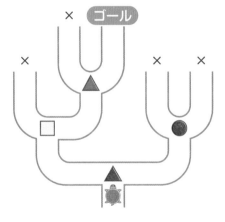

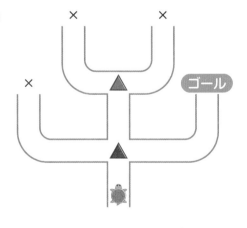

（　　　）

# 9 分岐③

**1** 車のロボット  は、分かれ道を次(つぎ)のルールで進(すす)みます。

> **ルール**
> ・黄色の四角形 □ があったら、まっすぐ進(すす)む。
> ・赤色の丸 ● があったら、左(ひだり)に進(すす)む。
> ・上の２つに当てはまらなければ、右(みぎ)に進(すす)む。

ところが、分かれ道におく図形をまちがえて、ゴールにたどり着(つ)かせることができませんでした。図形を１つ変(か)えて、ゴールまでたどり着(つ)くようにします。変(か)える図形に×をかき、正しい図形を（　　）から１つ選(えら)んで、○をつけましょう。

［40点］

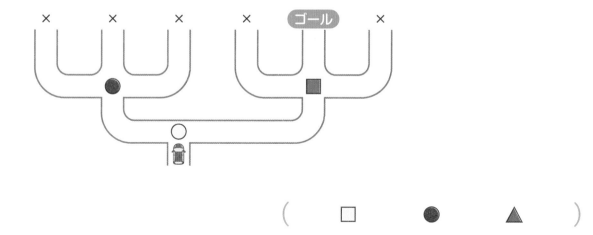

（　　□　　　●　　　▲　　）

図形の色や形のちがいに気をつけよう！

19

© くもん出版

**2** 車のロボット🚗は、分かれ道を次のルールで進みます。

**ルール**

- 黄色の四角形□があったら、まっすぐ進む。
- 赤色の丸●があったら、左に進む。
- 上の２つに当てはまらなければ、右に進む。

ところが、分かれ道におく図形をまちがえて、ゴールにたどり着かせることができませんでした。図形を１つ変えて、ゴールまでたどり着くようにします。変える図形に×をかき、正しい図形を（　　）から１つ選んで、○をつけましょう。

［１問 30点］

①

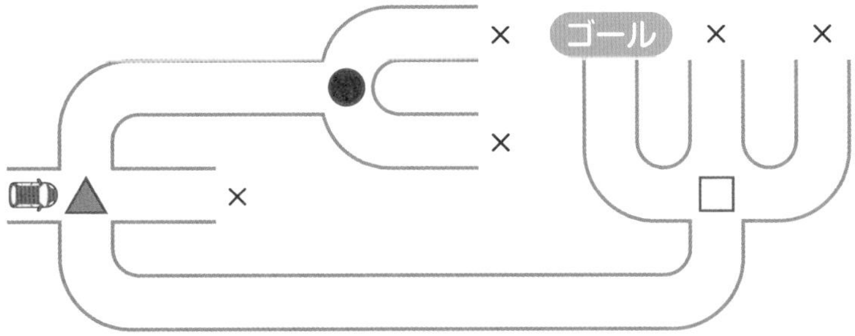


（　□　●　▲　）

②

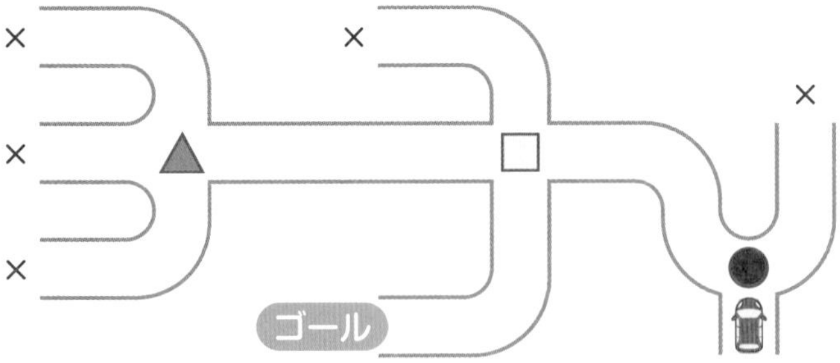


（　□　●　▲　）

# 順次のプログラム①

ものごとの流れや命令の手順を図形であらわした
ものを「フローチャート」といいます。
順番にものごとを実行することを「順次」といい、
フローチャートは右のように表します。

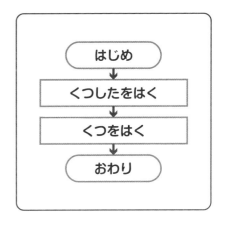

1 焼きおにぎりを作る手順を表すフローチャートになるように、下の（あ）・（い）
から記号を選んで、①・②の（　　）の中に書きましょう。　　　[ 1問 20点 ]

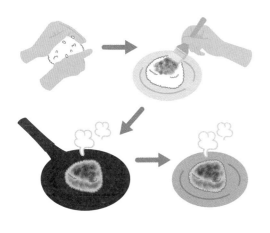

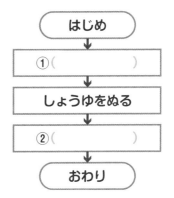

```
（あ）　フライパンで焼く
（い）　おにぎりをにぎる
```

　　　　　　　　　　　　　　　　　　　　　　　　　　　© くもん出版

**2** フローチャートの命令通りに、見本のようなオムライスを作ります。正しい手順になるように、（あ）〜（う）から記号を選んで、①〜③の（　　）の中に書きましょう。

［1問 20点］

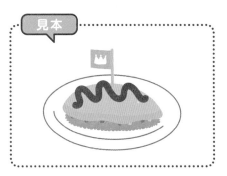

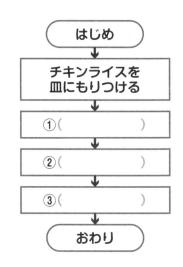

（あ）　はたをさす

（い）　オムレツをのせる

（う）　ケチャップをかける

月　日　　時　分〜　時　分

名前

点

**1** フローチャートを使って、車のロボット 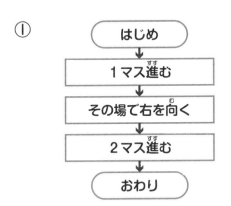 に命令します。次のように命令するとき、ロボットはどのマスに進むでしょう。あ〜えから1つ選び、（　）に書きましょう。

[1問 25点]

① 
```
はじめ
  ↓
1マス進む
  ↓
その場で右を向く
  ↓
2マス進む
  ↓
おわり
```

（　　）

② 
```
はじめ
  ↓
その場で左を向く
  ↓
2マス進む
  ↓
その場で右を向く
  ↓
1マス進む
  ↓
おわり
```

（　　）

**2** フローチャートを使って、車のロボット 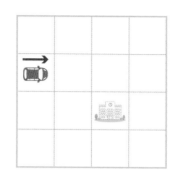 を学校 のマスまで進めます。①・②のフローチャートのあいているところに当てはまる命令として、正しいものを下のあ～おから1つ選び、（　　）に書きましょう。 [1問 25点]

① 

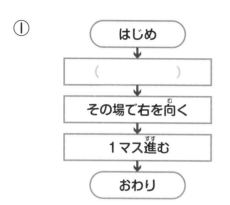

（　　　）

② 

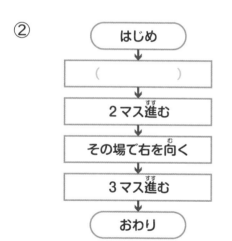

（　　　）

あ　その場で右を向く　　い　その場で左を向く
う　1マス進む　　え　2マス進む　　お　4マス進む

24

© くもん出版

月 日　時 分〜 時 分

名前

点

同じ手順をくり返すことを「くり返し」といいます。「順次」だけでもフローチャートを作ることはできますが、同じ手じゅんをまとめることで、フローチャートを短くすることができます。

1 フローチャートを使って、ロボットに命令します。ロボットは命令通りに、左から色をぬります。次のように命令するとき、ロボットはどのように色をぬるでしょう。正しいものに〇をつけましょう。　[30点]

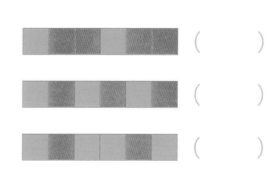

©くもん出版

フローチャートを使って、ロボットに命令します。ロボットは命令通りに左から色をぬります。次のように命令するとき、ロボットはどのように色をぬるでしょう。あ〜③から1つ選び、（　　）に書きましょう。

[ 1問 35点 ]

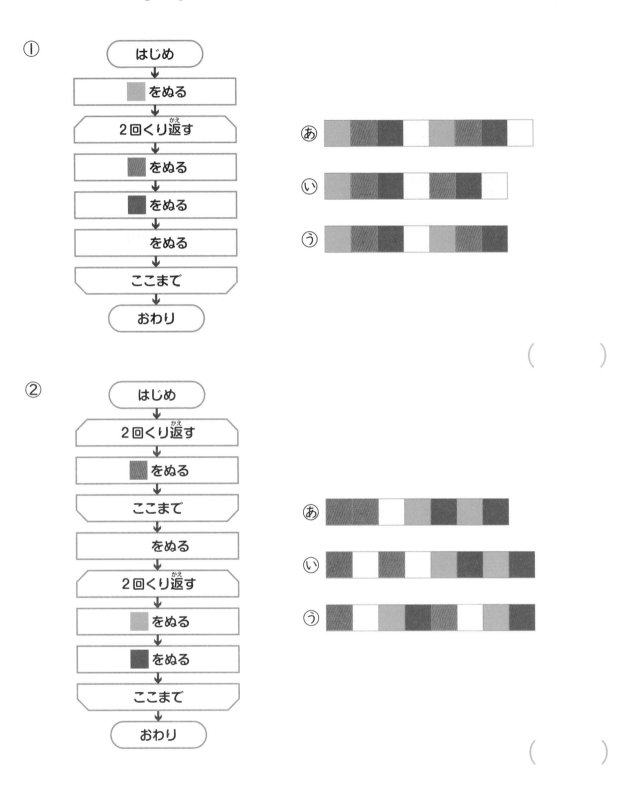

© くもん出版

月　日　　時　分〜　時　分

名前

点

**1** フローチャートを使って、ロボットに命令します。ロボットは命令通りに上から図形をかきます。次のように図形をかくには、どのようなフローチャートにすればよいでしょう。あ・いから１つ選び、（　　）に書きましょう。

[ 1問 20点 ]

①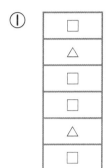

あ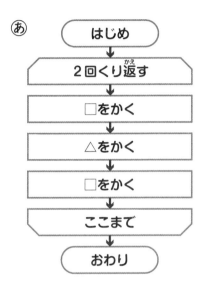

い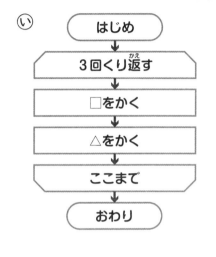

（　　　）

② 

あ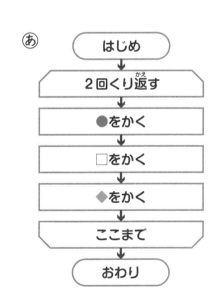

い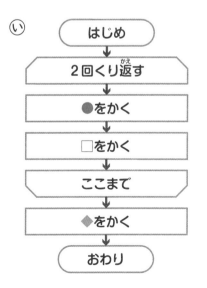

（　　　）

© くもん出版

**2** フローチャートを使ってロボットに命令します。ロボットは命令の順に上から図形をかきます。次のように図形をかくとき、どのようなフローチャートにすればよいでしょう。あ〜いから１つ選び、（　　）に書きましょう。 ［１問 30点］

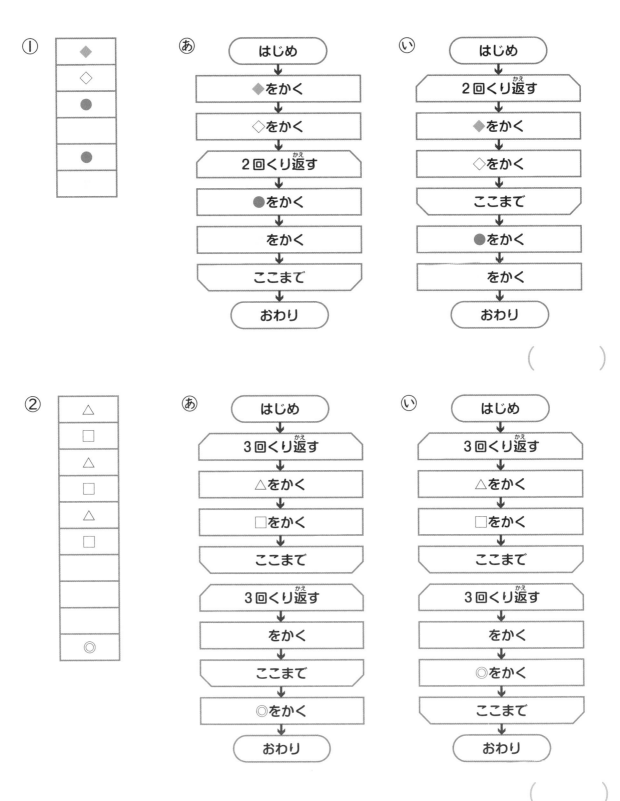

© くもん出版

月　日　　時　分～　時　分

名前

点

**1** フローチャートを使って、車のロボット 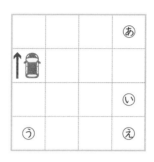 に命令します。次のように命令するとき、ロボットはどのマスに進むでしょう。㋐～㋓から1つ選び、（　　）に書きましょう。

[ 1問 20点 ]

① 

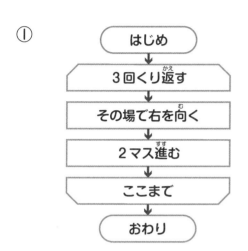

はじめ
↓
3回くり返す
↓
その場で右を向く
↓
2マス進む
↓
ここまで
↓
おわり

（　　　　）

② 

はじめ
↓
2回くり返す
↓
3マス進む
↓
その場で左を向く
↓
ここまで
↓
2マス進む
↓
おわり

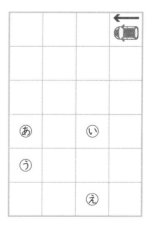

（　　　　）

**2** フローチャートを使ってカメのロボット 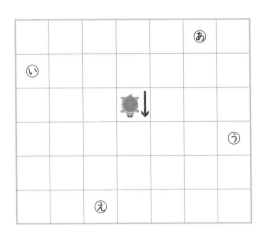 に命令します。次のように命令するとき、ロボットはどのマスに進むでしょう。⑥〜⑥から1つ選び、（　　）に書きましょう。

[ 1問 30点 ]

① 

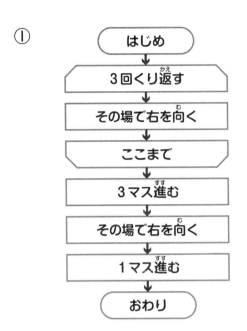

```
  はじめ
    ↓
 3回くり返す
    ↓
その場で右を向く
    ↓
  ここまで
    ↓
  3マス進む
    ↓
その場で右を向く
    ↓
  1マス進む
    ↓
  おわり
```

（　　）

②

```
  はじめ
    ↓
  左を向く
    ↓
 3回くり返す
    ↓
  2マス進む
    ↓
その場で右を向く
    ↓
  ここまで
    ↓
その場で左を向く
    ↓
  1マス進む
    ↓
  おわり
```

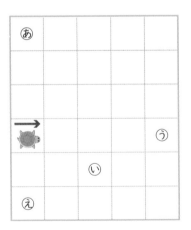

（　　）

© くもん出版

月　日　　時　分〜　時　分

名前

点

1 条件によって次に実行する手順が変わることを「分岐」といい、フローチャートは次のように表します。

〈例〉

プレーン味とチョコ味のケーキに、トッピングをのせるプログラム

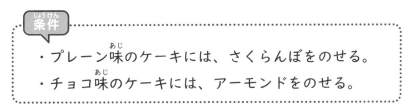

条件

・プレーン味のケーキには、さくらんぼをのせる。

・チョコ味のケーキには、アーモンドをのせる。

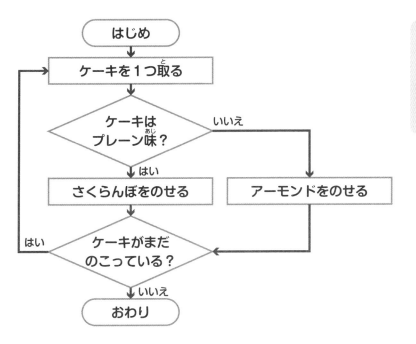

はじめ

ケーキを1つ取る

ケーキは
プレーン味？

いいえ

はい

さくらんぼをのせる

アーモンドをのせる

はい

ケーキがまだ
のこっている？

いいえ

おわり

◇ の中の条件にあてはまるかどうかで、次に進む手順が変わるんだね。

ロボットは、上のフローチャート通りにケーキにトッピングをのせます。ケーキはどのようになりますか。正しいものを⑥・⑥から1つ選び、（　　）の中に書きましょう。

⑥

プレーン味

チョコ味

⑥

プレーン味

チョコ味

（　　）

31

© くもん出版

**2** リボンをつけたぬいぐるみがたくさんあります。ロボットは、フローチャートの命令通りにぬいぐるみを箱に入れます。赤いリボンをつけたぬいぐるみは星がらの箱に、青いリボンをつけたぬいぐるみは水玉がらの箱に入れます。フローチャートの①・②にあてはまるものを下の⑧〜②から選び、（　　　）の中に書きましょう。

[ 1問20点 ]

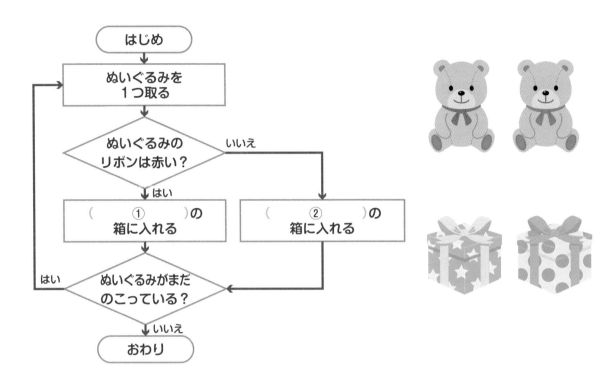

⑧　花がら　　　⑥　ハートがら　　　⑨　水玉がら　　　②　星がら

①（　　　　　）　②（　　　　　）

　　　　　　　　　　　　　　　　　　　　　　　　　　©くもん出版

# 16 くり返しと分岐のある プログラム②

**1** フローチャートを使って、ロボットに命令します。ロボットは命令通りに上から図形をかきます。①・②のように図形をかくとき、フローチャートのあいているところにはどのような命令が入るでしょう。あ〜うから１つ選び、（　　）に書きましょう。

[ 1問 20点 ]

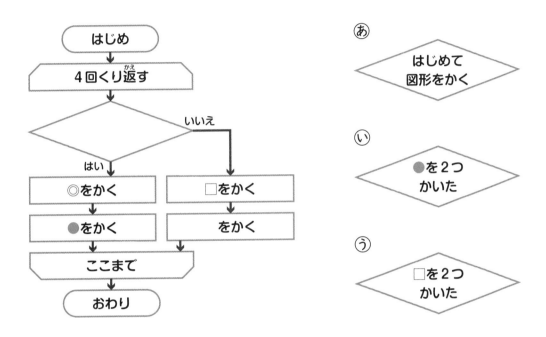

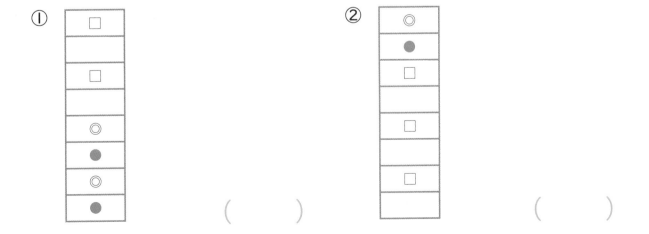

© くもん出版

**2** フローチャートを使って、ロボットに命令します。ロボットは命令通りに上から図形をかきます。①・②のように図形をかくとき、フローチャートのあいているところにはどのような命令が入るでしょう。あ〜うから１つ選び、（　　）に書きましょう。

［１問 30点］

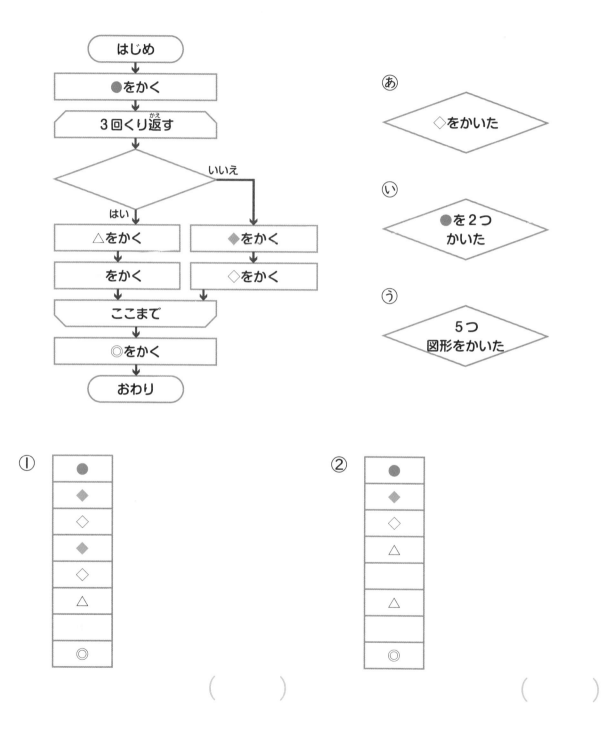

**1** フローチャートを使って、車のロボット 🚗 に命令します。ロボットは道にそって進み続け、分かれ道で命令にしたがって進む向きを変えます。次のように命令するとき、どこに進むでしょう。あ〜えから1つ選び、（　　）に書きましょう。

[ 1問25点 ]

①

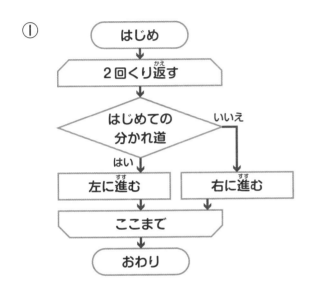
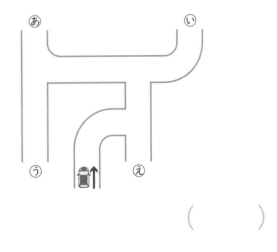

（　　　）

②

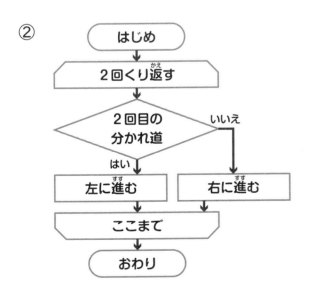
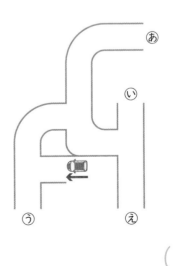

（　　　）

© くもん出版

**2** フローチャートを使ってカメのロボット 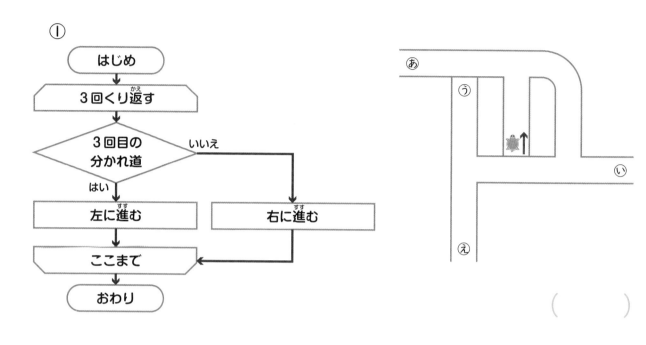 に命令します。ロボットは道にそって進み続け、分かれ道で命令にしたがって進む向きを変えます。次のように命令するとき、どこに進むでしょう。㊐～㋓から1つ選び、（　　）に書きましょう。

[1問 25点]

①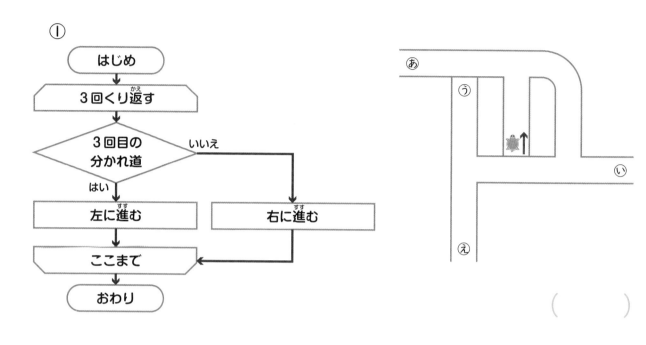

```
┌─────────────┐
│   はじめ     │
└─────────────┘
      │
┌─────────────┐
│  3回くり返す  │
└─────────────┘
      │
  ◇ 3回目の ◇  ──いいえ──┐
  ◇ 分かれ道 ◇            │
      │はい              │
┌─────────────┐  ┌─────────────┐
│  左に進む    │  │  右に進む    │
└─────────────┘  └─────────────┘
      │                 │
┌─────────────┐◄────────┘
│  ここまで    │
└─────────────┘
      │
┌─────────────┐
│   おわり     │
└─────────────┘
```

（　　）

②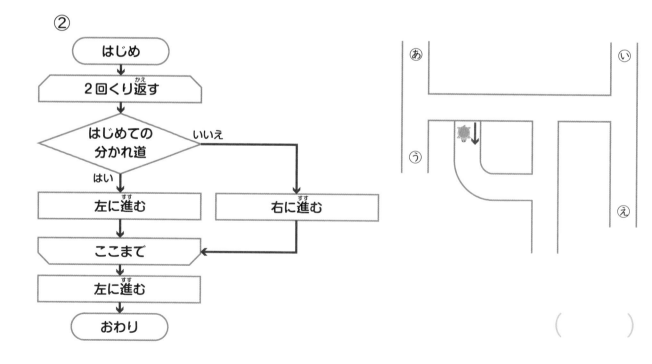

```
┌─────────────┐
│   はじめ     │
└─────────────┘
      │
┌─────────────┐
│  2回くり返す  │
└─────────────┘
      │
  ◇ はじめての ◇ ──いいえ──┐
  ◇ 分かれ道  ◇            │
      │はい              │
┌─────────────┐  ┌─────────────┐
│  左に進む    │  │  右に進む    │
└─────────────┘  └─────────────┘
      │                 │
┌─────────────┐◄────────┘
│  ここまで    │
└─────────────┘
      │
┌─────────────┐
│  左に進む    │
└─────────────┘
      │
┌─────────────┐
│   おわり     │
└─────────────┘
```

（　　）

© くもん出版

# 18 かくにん問題①

**1** フローチャートを使って、ロボットに命令します。ロボットは命令通りに左から色をぬります。次のように命令するとき、ロボットはどのように色をぬるでしょう。あ〜うから1つ選び、（　　）に書きましょう。

[ 1問 20点 ]

① 

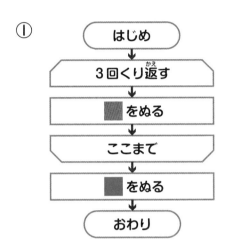

あ

い

う

（　　　　　）

② 

あ

い

う

（　　　　　）

2 赤、青、黄の折り紙がそれぞれ 20 まいずつあります。フローチャートを使って、ロボットに折り紙を折らせます。赤い折り紙はつるに、青い折り紙はしゅりけんに、黄色の折り紙はかぶとにします。フローチャートはどのようになりますか。①〜④にあてはまるものを⑤〜⑥からそれぞれ 1 つ選び、（　　　）に書きましょう。

[ 1 問 15 点 ]

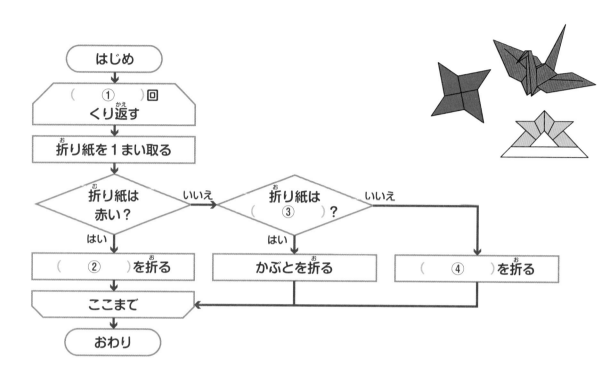

⑤　20　　　⑥　40　　　⑥　60
⑥　赤い　　⑥　青い　　⑥　黄色い
⑥　つる　　⑥　かぶと　　⑥　しゅりけん

①（　　　　　）　②（　　　　　）　③（　　　　　）　④（　　　　　）

38

© くもん出版

# 19 コンピュータへの命令①

月　日　　時　分～　時　分

名前　　　　点

ロボットのハル、ナツ、アキに命令するプログラムを作ります。プログラムは、次の決まりにしたがって作ります。

ハル　　ナツ　　アキ

**プログラムの決まり**

(1)　命令したいロボットの名前を最初に書く。

(2)　命令したい内ようを、ロボットの名前のうしろに「！」(エクスクラメーション)でつなげて書く。

〈例〉

・ハルを歩かせる命令→　ハル！歩く

・ナツに右手を上げさせる命令→　ナツ！右手を上げる

## 1 次の問題に答えましょう。　［1問 25点］

①　ナツにダンスをおどらせます。正しいプログラムをⓐ～ⓤから1つ選び、(　　)に書きましょう。

㋐　ダンスをおどる：ナツ

㋑　ナツ　ダンスをおどる

㋒　ナツ！ダンスをおどる

(　　　　)

②　アキにジャンプをさせるプログラムを、(　　)に書きましょう。

(　　　　　　　　　　　　　　　　)

(3) ２体または３体のロボットに、同時に命令をするときは、ロボットの名前を「＆」（アンド)でつなげて命令する。

(4) ２体または３体のロボットを、順番に動かしたいときは、ロボットの名前の前に番号をつけ、行を分けて命令する。

〈例〉

・ハルとナツを歩かせる命令→　ハル＆ナツ！歩く

・ハル、ナツ、アキの順に、右手または左手を上げさせる命令

→　１　ハル！右手を上げる

　　　２　ナツ！左手を上げる

　　　３　アキ！右手を上げる

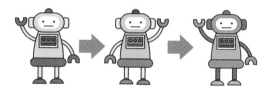

---

**2** 次の問題に答えましょう。

[１問 25点]

①　ナツとアキに歌わせます。正しいプログラムを⑧〜⑤から１つ選び、（　）に書きましょう。

　⑧　ハル＆ナツ！歌う

　⑥　ナツ＆アキ！歌う

　⑤　ナツ・アキ！歌う

（　　　）

②　ハル、ナツ、アキにそうじをさせます。アキ→ハル→ナツの順番で命令するには、どのように番号をつければよいでしょう。（　）に当てはまる数字を書きましょう。

（　　）　ハル！そうじきをかける

（　　）　ナツ！水ぶきをする

（　　）　アキ！はたきをかける

# 20 コンピュータへの命令②

月　日　時　分～　時　分

名前

点

明かりをつけるプログラムを作ります。プログラムは、次の決まりにしたがって作ります。

**プログラムの決まり**

(1)　明かりをつけるには「明かり１」と　書く。
(2)　明かりを消すには「明かり０」と　書く。
(3)　明かりをつけたり消したりするときは、「明かり１」と「明かり０」を「：」（コロン）でつなげて書く。

〈例〉
つけて、消して、もう一度つける命令
→明かり１：明かり０：明かり１

**1** 次の①・②の命令として、正しいものを下のあ～えから選び、（　　）に書きましょう。 ［１問 25点］

①　明かりをつけたあと、消す命令　（　　　　）
②　明かりを消したあと、つける命令　（　　　　）

Ⓐ　明かり０：明かり０
Ⓘ　明かり０：明かり１
Ⓤ　明かり１：明かり０
Ⓔ　明かり１：明かり１

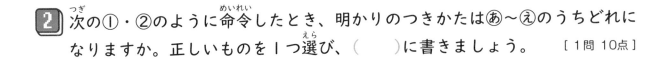

**2** 次の①・②のように命令したとき、明かりのつきかたは⑥〜②のうちどれになりますか。正しいものを１つ選び、（　　　）に書きましょう。　　[１問 10点]

① 　明かり１：明かり０：明かり１　　　　（　　　　）

② 　明かり０：明かり１：明かり０：明かり１　（　　　　）

**3** 見本のように明かりをつけるプログラムを、（　　　）の中に書きましょう。

[１問 15点]

①

見本

プログラム

（ 　　　　　　　　　　　　　　　　　　　　　　　　　　　）

②

見本

プログラム

（ 　　　　　　　　　　　　　　　　　　　　　　　　　　　）

「ピー」という音を出すプログラムを作ります。プログラムは、次の決まりにしたがって作ります。

> **プログラムの決まり**
>
> (1)　まず「音を出す」と書く。
>
> (2)　「音を出す」のあとに数字を書くと、音の高さが変わる。数が小さいほど音は高くなり、数が大きいほど音は低くなる。
>
> 〈例〉
>
> 音を出す　1　　　高い音
> 音を出す　2
> 音を出す　3　　　低い音

**1** 次の①・②の音を出したいと考えています。プログラムとして正しいものを
あ〜えからすべて選び、（　）に書きましょう。　　　　　[1問 25点]

①　「音を出す　5」よりも高い音　（　　　　　　　）

②　「音を出す　3」よりも低い音　（　　　　　　　）

　あ　音を出す　1

　い　音を出す　4

　う　音を出す　7

　え　音を出す　10

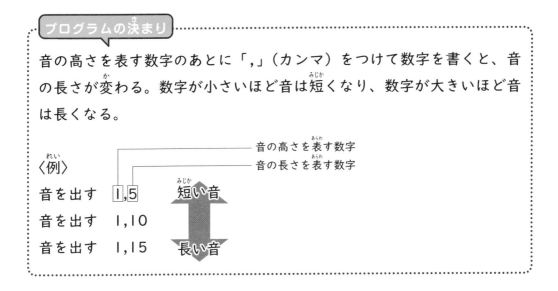

**プログラムの決まり**

音の高さを表す数字のあとに「,」（カンマ）をつけて数字を書くと、音の長さが変わる。数字が小さいほど音は短くなり、数字が大きいほど音は長くなる。

〈例〉

音を出す 1,5 ← 1：音の高さを表す数字／5：音の長さを表す数字

音を出す 1,10

音を出す 1,15

短い音 ↕ 長い音

## 2 次の問題に答えましょう。

［1問 25点］

① 高さが 10、長さが 15 の音を出すプログラムとして、正しいものに○をつけましょう。

（　　） 音が出る　10,15　　（　　） 音を出す　10,15

（　　） 音を出す　15,10　　（　　） 出す音を　10,15

② 「音を出す　25,30」と命令したときよりも、高く、長い音を出すプログラムとして、正しいものをあ～おからすべて選び、（　）に書きましょう。

あ 音を出す　10,15

い 音を出す　20,25

う 音を出す　30,35

え 音を出す　20,40

お 音を出す　10,45

（　　　　）

月　日　　時　分～　時　分

名前

点

コンピュータに文字を書かせるプログラムを作ります。プログラムは、次の決まりにしたがって作ります。

> **プログラムの決まり**
>
> (1)　まず「かく」と書く。
>
> (2)　「かく」のあとに、書きたい言葉を「" "」（ダブルクォーテーション）でつなげて書く。
>
> 〈例〉
>
> 「こんにちは」と書く命令
>
> →　かく "こんにちは"

こんにちは

**1** 次の問題に答えましょう。

[ 1問 20点 ]

①　「さようなら」と書くプログラムとして、正しいものをあ〜えから選び、（　　）に書きましょう。

あ　かく＊さようなら

い　かく「さようなら」

う　かく "さようなら"

え　かく！さようなら

（　　　　　）

②　「ハローワールド」と書くプログラムを、（　　　　）の中に書きましょう。

（　　　　　　　　　　　　　　　　　　　　　）

コンピュータに計算をさせ、その答えを書かせるプログラムを作ります。プログラムは、次の決まりにしたがって作ります。

> **プログラムの決まり**
>
> (1) まず「かく」と書く。
> (2) 「かく」のあとに、計算の式を書く。計算式は、次のように書く。
>
> 〈例〉
>
> 足し算→　かく　10＋20
> 引き算→　かく　20－10
> かけ算→　かく　10＊20
> わり算→　かく　20/10
>
> かけ算では「×」のかわりに「＊」(アスタリスク)、わり算では「÷」のかわりに「/」(スラッシュ)を使うよ！

**2** 次の問題に答えましょう。　　　　　　　　　　　　　［ 1問 20点 ］

① コンピュータに右の答えを書かせるためのプログラムとして、正しいものを⑤〜⑤から選び、（　）に書きましょう。

⑤　かく：10＋25
⑤　かく「40－5」
⑤　かく　5＊7
⑤　かく　70÷2

35

（　　　　）

② コンピュータに「28÷7」の答えを書かせるためのプログラムを、（　　　）の中に書きましょう。

（　　　　　　　　　　　　　　　　　　　　）

③ コンピュータの書く答えが「120」になるように、プログラムを考えて（　　　）の中に書きましょう。

（　　　　　　　　　　　　　　　　　　　　）

月　日　　時　分〜　時　分

名前

点

**1** プログラミングでは、おもにアルファベットを使ってプログラムを入力します。アルファベットは 26 文字あり、それぞれに大文字と小文字があります。大文字を指さしながら、声に出して読みましょう。すべて読めたら、（　　　　　）に○をつけましょう。

[ 50点 ]

| エイ | ビー | スィー | ディー | イー |
|---|---|---|---|---|
| **A** | **B** | **C** | **D** | **E** |

| エフ | ジー | エイチ | アイ | ジェイ |
|---|---|---|---|---|
| **F** | **G** | **H** | **I** | **J** |

| ケー | エル | エム | エヌ | オー |
|---|---|---|---|---|
| **K** | **L** | **M** | **N** | **O** |

| ピー | キュー | アール | エス | ティー |
|---|---|---|---|---|
| **P** | **Q** | **R** | **S** | **T** |

| ユー | ヴィ | ダブリュー | エックス | ワイ |
|---|---|---|---|---|
| **U** | **V** | **W** | **X** | **Y** |

| ズィー |
|---|
| **Z** |

（　　　　　　　　　）

47

© くもん出版

| エイ | ビー | スィー | ディー | イー |
|---|---|---|---|---|
| a | b | c | d | e |

| エフ | ジー | エイチ | アイ | ジェイ |
|---|---|---|---|---|
| f | g | h | i | j |

| ケー | エル | エム | エヌ | オー |
|---|---|---|---|---|
| k | l | m | n | o |

| ピー | キュー | アール | エス | ティー |
|---|---|---|---|---|
| p | q | r | s | t |

| ユー | ヴィ | ダブリュー | エックス | ワイ |
|---|---|---|---|---|
| u | v | w | x | y |

| ズィー |
|---|
| z |

（　　　　　　　　　　　）

プログラミングでは、英語でコンピュータに指示を出すことが
多いよ。まずはアルファベットをマスターしよう！

# 変数①

数を入れたり、出したりできる箱（はこ）があります。数が入っている箱（はこ）に新しく数を入れると、前に入れた数は出ていきます。

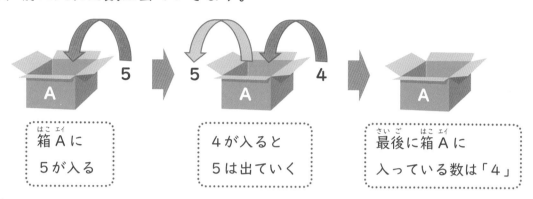

箱（はこ）A に
5 が入る

4 が入ると
5 は出ていく

最後（さいご）に箱（はこ）A に
入っている数は「4」

**1** 次（つぎ）のとき、最後（さいご）に箱（はこ）A に入っている数はいくつですか。（　　）の中に書きましょう。

[ 1問 20点 ]

①

（　　　　）

②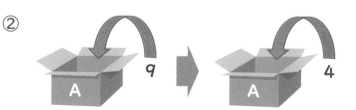

（　　　　）

数が入っている箱（はこ）に新しく数を入れても、
箱（はこ）の中で足し算されるわけではないよ。

©くもん出版

**2** 次のとき、最後に箱Bの中に入っている数はいくつですか。（　　）の中に書きましょう。

［1問 15点］

①

（　　　　）

②

（　　　　）

③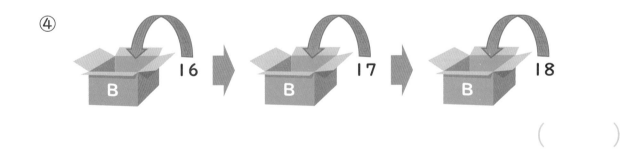

（　　　　）

④

（　　　　）

数を入れることができる箱があります。箱は、数字のかわりに計算に使うことができます。

**1** 箱Aに次の数が入っているときの、①〜③の答えを（　　　）の中に書きましょう。

[ 1問20点 ]

① 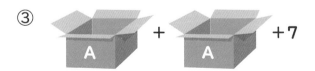 +15

（　　　　）

② A −3+8

（　　　　）

③ A ＋ A +7

（　　　　）

①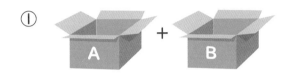

（　　　　）

②

（　　　　）

③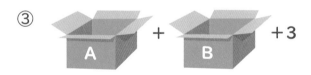

（　　　　）

④

（　　　　）

© くもん出版

月　日　　時　分〜　時　分

名前

点

数を入れたり、出したりできる箱があります。数が入っている箱に新しく数を入れると、前に入れた数は出ていきます。数を入れた箱を使って、同じ名前の箱に新しく数を入れることができます。

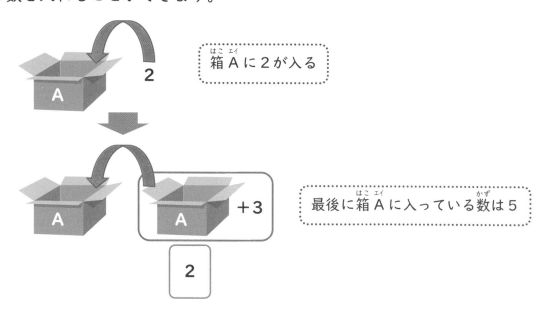

箱 A に 2 が入る

最後に箱 A に入っている数は 5

**1** 次のとき、最後に箱 A に入っている数はいくつですか。（　　　）の中に書きましょう。

［ 1問 20点 ］

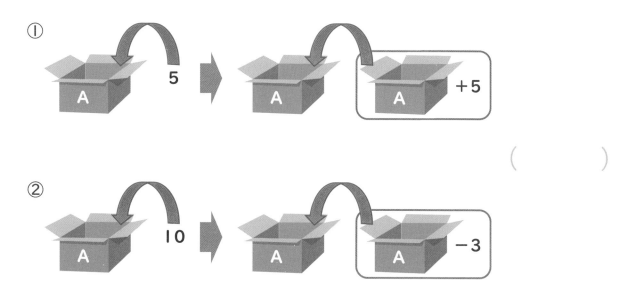

①

（　　　　　）

②

（　　　　　）

**2** 最後に箱 B に入っている数が、下のカードに書かれています。はじめに箱 B に入っていた数はいくつでしょう。（　　）の中に書きましょう。

[ 1問 20点 ]

①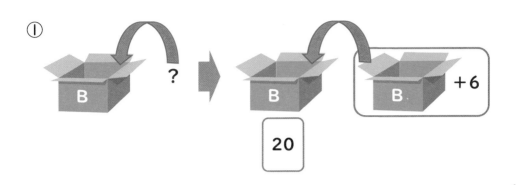

20

（　　　　）

②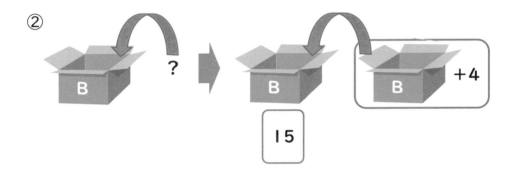

15

（　　　　）

③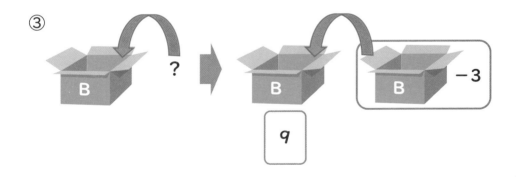

9

（　　　　）

名前

点

数を入れたり、出したりできる箱があります。数が入っている箱に新しく数を入れると、前に入れた数は出ていきます。数を入れた箱を使って、べつの箱に新しく数を入れることができます。

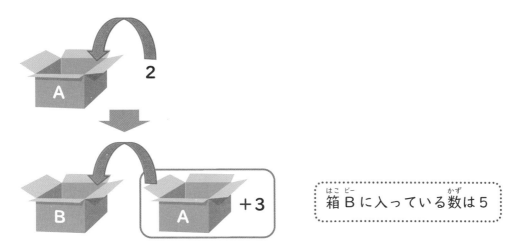

箱Bに入っている数は5

1 次のとき、箱Bに入っている数はいくつですか。( )の中に書きましょう。

[1問20点]

①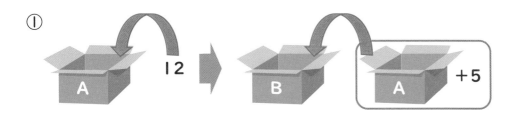

( )

②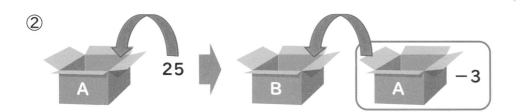

( )

©くもん出版

**2** 最後に箱Bに入っている数が、下のカードに書かれています。箱Aに入っている数はいくつでしょう。（　　）の中に書きましょう。

［1問20点］

①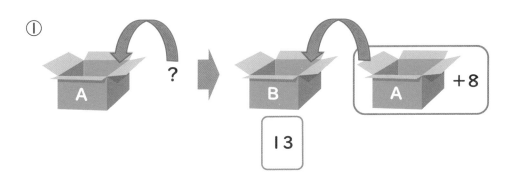

（　　　　　）

②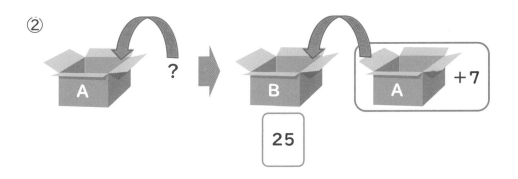

（　　　　　）

③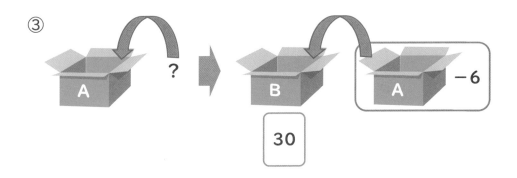

（　　　　　）

1 数を入れることができる箱があります。箱は、数字のかわりに計算に使うことができます。箱A・箱Bに次の数が入っているときの①〜③の答えを、（　　　）の中に書きましょう。

[ 1問 15点 ]

①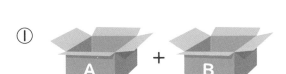

（　　　　）

② B － A

（　　　　）

③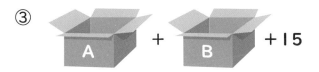

（　　　　）

**2** ロボットに明かりをつけたり消したりさせるプログラムを作ります。プログラムは、次の決まりにしたがって作ります。

> **プログラムの決まり**
>
> (1) 命令したいロボットの名前を最初に書く。
>
> (2) 命令したいプログラムを、ロボットの名前のうしろに「！」（エクスクラメーション）でつなげて書く。
>
> (3) 明かりをつけるプログラムは「明かり１」。
>
> (4) 明かりを消すプログラムは「明かり０」。
>
> (5) 明かりをつけたあとに消させるときは、「明かり１」と「明かり０」を「：」（コロン）でつなげて書く。
>
> 　　　　　
>
> 　ハル　　　　ナツ　　　　アキ

① 次の命令をするプログラムとして、正しいものを⑧〜⑧から１つ選び、（　　）に書きましょう。　　　　　　　　　　　　　［１問 20点］

(1) ハルに明かりをつけさせる　（　　　　　　）

(2) ナツに明かりを消させる　　（　　　　　　）

⑧ ハル　明かり１　　　⑧ ナツ！明かり０

⑨ ハル！明かり１　　　⑧ ナツ！明かり１

② アキに、明かりをつけたあとに消させるプログラムを、（　　）に書きましょう。　　　　　　　　　　　　　　　　　　　　［15点］

（　　　　　　　　　　　　　　　　　　　　　　　）

| 月 日 | 時 分〜 時 分 |
|---|---|

名前

点

📺 パソコンを使います。

次の手順にしたがって、IchigoJam web でプログラムを入力するじゅんびをしましょう。

**1** インターネットにせつぞくしたパソコンの、インターネットブラウザで、次の URL を入力するか、けんさくエンジンで「IchigoJam web」とけんさくして、IchigoJam web のホームページを開きましょう。正しく開けたら、（　）に〇を書きましょう。

[ 50点 ]

URL https://fukuno.jig.jp/app/IchigoJam/

| IchigoJam web | 🔍 |

【使用できるブラウザ】
Google Chrome ／ Apple Safari ／ Microsoft Edge ／ Mozilla Firefox
※ Internet Explorer では使用できません。ブラウザのバージョンやじょうたいによって、正しく動かない場合があります。

## IchigoJam web

```
IchigoJam BASIC 1.4.4web jig.jp
OK
```

（　　　）

| KEY | ESC | EXPORT | IMPORT | FULL | I/O | AUDIO ON |

左の黒い入力画面があるページを開けたら、じゅんびはバッチリだよ！

**2** IchigoJam web の入力画面とボタンをかくにんし、文字を入力する練習をしましょう。

[1問 25点]

## IchigoJam web

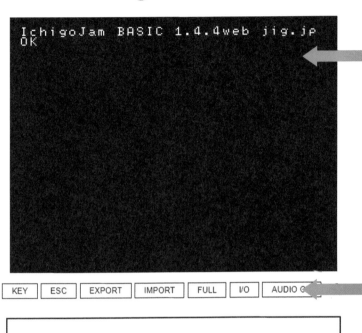

【入力画面】この画面にプログラムを入力します。「OK」と出ていれば、プログラムを入力するじゅんびができています。IchigoJam web でのローマ字入力は、大文字で入力されます。

【AUDIO ボタン】音を出すプログラムを動かすときに使います。クリックして音が出るようにすると、「AUDIO OFF」に切りかわります。

① キーボードで、「APPLE」という文字を画面に入力しましょう。正しく入力できたら、( )に〇を書きましょう。

( )

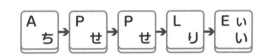

点めつしている白い四角形は「カーソル」といって、ここに文字が入力されるよ！

② 「Backspace」キーをおして、①で入力した文字を消しましょう。消せたら、( )に〇を書きましょう。

( )

月　日　　時　分〜　時　分

名前

点

📺 パソコンを使います。

**1** IchigoJam web で、文字を入力する練習をしましょう。正しく入力できたら、
（　）に○を書きましょう。

① キーボードで「AIUEO」を画面に入力し、エンターキーをおしてみましょう。　[10点]

（　　　）

② ①で「Enter」キーをおすと、１つ下の行に「Syntax error」と出ます。
これは、「IchigoJam が覚えている命令ではない」という意味です。
次の行に「CLS」と入力し、「Enter」キーをおして、画面をきれいにしましょう。[10点]

（　　　）

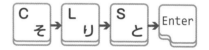

「Enter」は「入る」という意味の英語で、「Enter」キーをおすと、プログラムがコンピューターに読みこまれるんだ。プログラムを実行するときや直すときは、1行ごとに「Enter」キーをおすのをわすれないようにしよう。
「CLS」は「Clear the screen（画面をそうじして）」という意味の命令で、画面にあるものをすべて消してくれるよ。

③ 文字と文字の間を空けるときは、スペースキーをおします。
右の言葉を画面に入力しましょう。[20点]

（　　　）

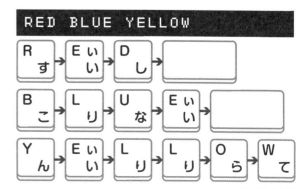

©くもん出版

**2** 次の問題に取り組みましょう。　　　　　　　　　　　　　[1問 20点]

① 　キーボードには、1つのキーの中に、上下に2つの文字や記号があるものがあります。キーの上に書かれた文字や記号を入力したいときは、「Shift（シフト）」キーをおしながら入力します。「! " # $ % & ' ( ) = ?」を画面に入力し、「Enter（エンター）」キーをおしましょう。正しく入力できたら、（　　）に〇をつけましょう。

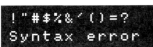

（　　　　）

② 　形のにている文字に気をつけて、「I1PORQ0Z2S8：；／＼（）＜＞」を画面に入力し、「Enter（エンター）」キーをおしましょう。正しく入力できたら、（　　）に〇をつけましょう。

（　　　　）

③ 　②で入力した文字をすべて消（け）すために、次（つぎ）のようにプログラムを入力したところ、「Syntax error（シンタックス エラー）」が出ました。正しく動くようにするには、どこを直（なお）せばよいでしょう。（　　　）に当てはまる命令（めいれい）を書きましょう。

CSL を、（　　　　　　　　　）にする。

---

IchigoJam（イチゴジャム）が覚（おぼ）えている命令（めいれい）以外の言葉を入力したり、入力したプログラムにまちがいがあったりすると、プログラムが動かなかったり、エラーが出たりします。
最（もっと）もよくあるエラーが、「Syntax error（シンタックス エラー）(文法エラー)」です。
「Syntax error（シンタックス エラー）」は、IchigoJam（イチゴジャム）が理かいできない命令（めいれい）を実行（じっこう）させようとしたり、命令（めいれい）が1文字でもまちがっていたりする場合に出てきます。
他（ほか）にも、「Break（ブレイク）(ちゅうだん)」など、12種類（しゅるい）のエラーがあります。
エラーが出ても、まちがっているところを見つけて直（なお）せば、正しく動かすことができます。

パソコンを使（つか）います。

1. 画面（がめん）右下の「AUDIO ON（オーディオ オン）」ボタンをクリックする。
2. 「BEEP（ビープ）」の 4 文字を入力し、「Enter（エンター）」キーをおして実行（じっこう）する。
   →画面（がめん）に「OK（オーケー）」と出て、「ピッ」という音が鳴（な）る。

「BEEP（ビープ）」は IchigoJam（イチゴジャム）に「音を出せ」と命令（めいれい）するためのコマンドです。

コマンド（Command）は英語で「命令（めいれい）する」、BEEP（ビープ）は「ピーという音を出す」という意味（いみ）です。

BEEP（ビープ）のうしろに数字を入力すると、音の高さが変わります。数が小さくなるほど、音は高くなり、数が大きくなるほど、音は低（ひく）くなります。

高い音
↕
低（ひく）い音

これから、いろんなコマンドが出てくるよ。ふろくのボードのうらに、「コマンド一らん表」があるから、かくにんしながら入力してね。

---

## 1 IchigoJam web（イチゴジャム ウェブ）を使（つか）って、次（つぎ）の問題（もんだい）に取（と）り組みましょう。　　[ 1問 25点 ]

① BEEP（ビープ）を使（つか）って、音を出してみましょう。
実行（じっこう）できたら、（　）に○を書きましょう。

（　　　　　　）

② 「BEEP10（ビープ）」と「BEEP50（ビープ）」を順番（じゅんばん）に実行（じっこう）して、「BEEP50（ビープ）」の方が音が低（ひく）くなることをかくにんしましょう。実行（じっこう）できたら、（　）に○を書きましょう。

（　　　　　　）

音の高さを表す数字のあとに、「,（カンマ）」をつけて数字を入力すると、音の長さが変わります。数字が小さいほど音は短くなり、数字が大きいほど音は長くなります。

```
BEEP10,5       ↑ 短い音
BEEP10,10
BEEP10,15      ↓ 長い音
```

2 IchigoJam web を使って、次の問題に取り組みましょう。

① BEEP を使って次の音を出してみましょう。正しく実行できたら、（　）に〇を書きましょう。

[ 1問 10点 ]

(1) 高さ 15、長さ 10 の音　　　（　　　　　　　）

(2) 高さ 30、長さ 40 の音　　　（　　　　　　　）

(3) 高さ 45、長さ 100 の音　　（　　　　　　　）

② 次のプログラムよりも、高く、長い音を出したいと考えています。どのようなプログラムを入力すればよいですか。正しいものに〇をつけましょう。

[ 20点 ]

```
BEEP20,30
```

(1) BEEP 5,20　　　　（　　　　　　　）

(2) PEEB 10,35　　　（　　　　　　　）

(3) BEEP 15,20　　　（　　　　　　　）

(4) BEEP 15,35　　　（　　　　　　　）

(5) BEEP 25,40　　　（　　　　　　　）

IchigoJam では、コマンドと数字の間にスペースを入れても入れなくても、同じように動くよ。
プログラムが長くなってくると、スペースを入れた方が見やすい場合もあるんだ。

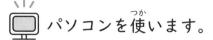

月　日　　時　分〜　時　分

名前

点

 パソコンを使います。

---

▶コマンドのかくにん

【PLAY】英語で「遊ぶ、演そうする」という意味。
ドレミファソラシの音を鳴らす。

PLAY を使って、「ドレミファソラシ」の音を演そうします。

「ドレミファソラシ」の音は、それぞれ「C・D・E・F・G・A・B」のアルファベットで表すことができます。

```
ド  レ  ミ  ファ  ソ  ラ  シ
C   D   E   F    G   A   B
```

鳴らしたい音を表すアルファベットを「" "」(ダブルクォーテーション)ではさんで、PLAY のうしろにつなげます。

---

**1** PLAY を使って、「ドレミ」の 3 つの音が鳴るプログラムを作ります。次のプログラムを入力し、「Enter」キーで実行しましょう。正しく実行できたら、( )に〇を書きましょう。 ［25点］

```
PLAY"C D E"
```

( )

**2** PLAY を使って、「ドレミドミドミ」の 7 つの音が鳴るプログラムを作ります。入力画面にプログラムを入力し、「Enter」キーで実行しましょう。正しく実行できたら、( )に〇を書きましょう。 ［25点］

( )

PLAY を使って、「ドレミファソラシド」の音を出します。
次のように入力すると、最後の「ド」の音が、最初と同じ高さになってしまいます。

```
PLAY"C D E F G A B C"
```

高さを変えたい音の前に、アルファベットの「O」と数字を入力することで、音の高さを変えることができます。Oと組み合わせる数字が１大きくなるごとに、１だんかい音が高くなります。Oと数字のうしろに入力した音は、次にOとべつの数字が入力されるまで、同じ高さの音になります。

```
PLAY"03 C D E 04 C D E"
```
高さ3の音 ｜ 高さ4の音

③ PLAY を使って、「ドレミファソラシド」の音が鳴るプログラムを作ります。
最初の音の高さを3とし、最後の「ド」だけ、音の高さを4とします。
次のプログラムを入力し、「Enter」キーで実行しましょう。正しく実行できたら、（　）に〇を書きましょう。
[25点]

```
PLAY"03 C D E F G A B 04 C"
```

（　　　　　）

④ PLAY を使って、「ドレミファソラシドレミファソラシド」を演そうするプログラムを作ります。はじめの音の高さを3とし、あとから同じ音が出てくる場合は、１つ前の同じ音より１だんかい高い音で演そうされるようにします。
入力画面にプログラムを入力し、「Enter」キーで実行しましょう。正しく実行できたら、（　）に〇を書きましょう。
[25点]

（　　　　　）

音を表すアルファベットどうしの間のスペースは、
入れても入れなくても同じように動くよ。

# 文字を表示しよう

🖥 パソコンを使います。

▶ コマンドのかくにん

【PRINT】英語で「印刷する」という意味。数字や文字、記号を画面に表示する。

PRINT を使って、IchigoJam web で画面に文字を表示します。

PRINT のうしろに「" "」（ダブルクォーテーション）ではさんで文字を入力すると、

「" "」のあいだの文字が次の行に表示されます。

次のプログラムは、画面に「HELLO WORLD」と表示させるものです。

「HELLO WORLD」は「こんにちは、世界」という意味です。

```
PRINT"HELLO WORLD"
HELLO WORLD
OK
```

「" "」を入力するキーは、右の 2 つのキーのどちらかです。

IchigoJam では " と " は区別しません。

1 PRINT を使って、次の文字を画面に表示しましょう。正しく実行できたら、

（　）に〇を書きましょう。

[ 1問 15点 ]

① GOOD　　　　　　　　（　　　　　　）

② THANK YOU　　　　　（　　　　　　）

③ HOW ARE YOU？　　　（　　　　　　）

**2** PRINT を使って、画面に「APPLE」と表示したいと考えています。次のうち、プログラムとして正しいものに〇をつけましょう。

[ 10点 ]

( ) PRINT APPLE

( ) PRINT "APPLE"

( ) APPLE PRINT

( ) "APPLE" PRINT

**3** PRINT を使って、画面に次の文字を表示しましょう。正しく実行できたら、( ) に〇をつけましょう。

[ 1問 15点 ]

① HELLO, MY NAME IS AOI.
　（意味）こんにちは、わたしの名前はあおいです。

( )

② DO YOU LIKE DOGS？
　（意味）あなたは犬が好きですか？

( )

③ YES, I LOVE DOGS.
　（意味）はい、わたしは犬が大好きです。

( )

とき終わったら、自分の好きな言葉を
PRINT を使って表示させてみよう！

月 日 | 時 分～ 時 分

名前

点

パソコンを使います。

PRINT を使って、IchigoJam で計算をします。
PRINT のあとに「" "」をつけず、計算式を入力して「Enter」キーをおすと、計算の答えが次の行に表示されます。

```
PRINT 10+20
30
OK
```

算数では計算式のあとに「=」(イコール)をつけるけれど、IchigoJam ではつけないよ。

たし算、ひき算、かけ算、わり算の式を PRINT で表すと、次のようになります。

たし算　(例)　5+5　　→　PRINT 5+5
ひき算　(例)　10-5　→　PRINT 10-5
かけ算　(例)　5×5　　→　PRINT 5*5
わり算　(例)　10÷5　→　PRINT 10/5

かけ算では「×」の代わりに「*」(アスタリスク)、わり算では「÷」の代わりに「/」(スラッシュ)を計算記号として使います。

**1** PRINT を使って、次の計算をし、出てきた答えを（　）の中に書きましょう。

[1問 5点]

① 542+987 （　　　　　　）

② 246+1357 （　　　　　　）

③ 4398+8321 （　　　　　　）

④ 2398+5612 （　　　　　　）

⑤ 8476+9573 （　　　　　　）

**2** PRINT を使って、次の計算をし、出てきた答えを（　）の中に書きましょう。

[ 1問 5点]

① 87−29 　　　（　　　　　　　）

② 225−167 　（　　　　　　　）

③ 621−333 　（　　　　　　　）

④ 4725−879 　（　　　　　　　）

⑤ 8724−6921 （　　　　　　　）

**3** 次のうち、「35×65」の計算をするプログラムとして、正しいものに○をつけましょう。

[15点]

（　　　　）　PRINT 35×65

（　　　　）　PRINT "35*65"

（　　　　）　PRINT "35×65=

（　　　　）　PRINT 35*65

**4** PRINT を使って、「20727÷987」の計算をするプログラムを作り、「Enter」キーで実行しましょう。正しく実行できたら、（　　　）に○をつけましょう。

[15点]

（　　　　　　　）

**5** PRINT を使って、「1000×1000」の計算をさせようとすると、次の行にとある数字が返されて、正しく計算できません。出てきた数字を（　　　　）の中に書きましょう。

[20点]

（　　　　　　　）

IchigoJam で計算できるはんいは、
答えが「32767 以下、−32768 以上」
の数だよ。大きすぎる数は計算できないから注意しよう。

パソコンを使います。

▶コマンドのかくにん ●● ○○

【CHR】指定した番号のキャラクターを画面に表示する。
キャラクター　　してい　　ばんごう　　　　　　　　　　　がめん　ひょうじ

「PRINT」と「CHR」を組み合わせることで、画面に図形やキャラクターなどを表示させることができます。PRINT のあとに CHR と入力し、そのうしろに「$」（ドル）とキャラクターコードを入力します。キャラクターコードは、「（　）」に入れて指定します。

```
PRINT CHR$(241)
```

```
PRINT CHR$(241)
⌂
OK
```

たての数字がコード番号の十〜百の位、横の数字が一の位を表しているよ！

▼キャラクターコードーらん

|  | 0 | 1 | 2 | 3 | 4 | 5 | 6 | 7 | 8 | 9 |
|---|---|---|---|---|---|---|---|---|---|---|
| 0 |  |  |  |  |  |  |  |  |  |  |
| 10 |  |  |  |  |  |  |  |  |  |  |
| 20 |  |  |  |  | = | / | \ |  | ← | → |
| 30 |  | ↓ |  | ! | " | # | $ | % | & | ' |
| 40 | ( | ) | * | + | , | - | . | / | 0 | 1 |
| 50 | 2 | 3 | 4 | 5 | 6 | 7 | 8 | 9 | : | ; |
| 60 | < | = | > | ? | @ | A | B | C | D | E |
| 70 | F | G | H | I | J | K | L | M | N | O |
| 80 | P | Q | R | S | T | U | V | W | X | Y |
| 90 | Z | [ | \ | ] | ^ | _ | ` | a | b | c |
| 100 | d | e | f | g | h | i | j | k | l | m |
| 110 | n | o | p | q | r | s | t | u | v | w |
| 120 | x | y | z | { | | | } | ~ | → |  |  |
| 130 |  |  |  |  |  |  |  |  |  |  |
| 140 |  |  |  |  |  |  |  |  |  |  |
| 150 |  |  |  |  |  |  |  |  |  |  |
| 160 | ¥ |  |  |  |  | ・ | ヲ | ァ | ィ | ゥ |
| 170 | ェ | ォ | ャ | ュ | ョ | ッ | ー | ア | イ | ウ |
| 180 | エ | オ | カ | キ | ク | ケ | コ | サ | シ | ス |
| 190 | セ | ソ | タ | チ | ツ | テ | ト | ナ | ニ | ヌ |
| 200 | ネ | ノ | ハ | ヒ | フ | ヘ | ホ | マ | ミ | ム |
| 210 | メ | モ | ヤ | ユ | ヨ | ラ | リ | ル | レ | ロ |
| 220 | ワ | ン | ゛ | ゜ |  |  |  |  |  | ♡ |
| 230 |  |  | ○ | ● | 10 |  |  |  | ♪ |  |
| 240 |  |  | ', | 歪 | * | 0 |  |  | 回 |  |
| 250 | 大 | 犬 | [ | 大 | ] | 大 |  |  |  |  |

※0は空白、32は画面と同じ黒色の正方形が表示されます。
がめん　ひょうじ

**1** 画面に①〜③を表示させるためのキャラクターコードを、（　）の中に書きましょう。

[ 1問 20点 ]

①　■ （　　　　　） 　　②　♥ （　　　　　） 　　③　⌂ （　　　　　）

©くもん出版

▼キャラクターコードーらん

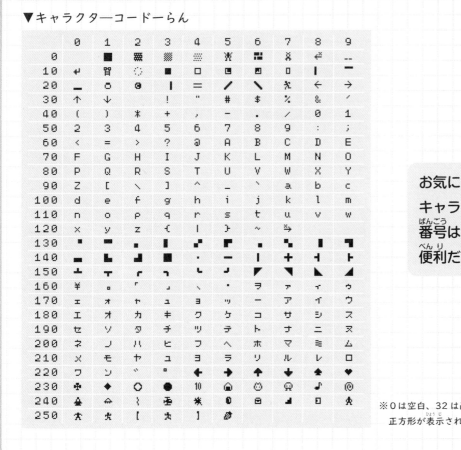

お気に入りの
キャラクターコードの
番号(ばんごう)は、覚(おぼ)えておくと
便利(べんり)だよ！

※0は空白、32は画面(がめん)と同じ黒色の
正方形(ひょうじ)が表示されます。

---

2 次(つぎ)の問題(もんだい)に取(と)り組(く)みましょう。　　　　　　　　［1問 20点］

① 画面(がめん)に次のキャラクターを表示(ひょうじ)させる命令(めいれい)として、正しいものを㋐〜㋒から選(えら)び、（　　）に○をつけましょう。

表示(ひょうじ)するキャラクター： 👾

㋐　PRINT CHR&(237)　　（　　　　　　）

㋑　PRINT "CHR$(237)"　　（　　　　　　）

㋒　PRINT CHR$(237)　　（　　　　　　）

② PRINT(プリント) と CHR(キャラクター) を使って、次(つぎ)のキャラクターを IchigoJam web(イチゴジャム ウェブ) の画面(がめん)に表示(ひょうじ)しましょう。表示(ひょうじ)できたら、（　　）に○をつけましょう。

表示(ひょうじ)する画像(がぞう)： 🏁

　　　　　　　　　　　　　　　　　　　　　　　　　（　　　　　　）

月　日　　時　分〜　時　分

名前

点

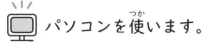💻 パソコンを使います。

▶コマンドのかくにん ●● ○○

【LED】：明かりをつける。
IchigoJam web では、LED が光るかわりに、画面に赤いふちどりが出る。

LED を使って、IchigoJam web の画面に赤いふちどりを出します。
「LED1」と入力して、「Enter」キーをおすと、画面に赤いふちどりがあらわれます。
「LED0」と入力して、「Enter」キーをおすと、画面の赤いふちどりが消えます。

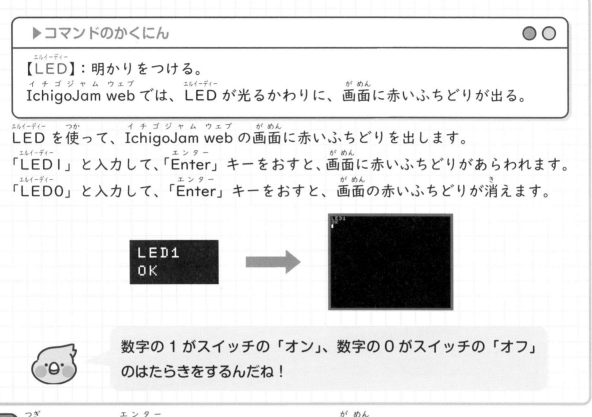

数字の1がスイッチの「オン」、数字の0がスイッチの「オフ」のはたらきをするんだね！

**1** 次のうち、「Enter」キーをおしたとき、画面に赤いふちどりが出るのはどれですか。（　）に〇をつけましょう。　　　[20点]

（　　　）　LED0

（　　　）　LED1

（　　　）　RED1

**2** IchigoJam webで、次のプログラムを実行しましょう。正しく実行できたら、（　）に〇を書きましょう。　　　[1問15点]

①　画面に赤いふちどりを出すプログラム　　　　　　　　（　　　）

②　①で出した赤いふちどりを消すプログラム　　　　　　（　　　）

LED1 と LED0 を「：」（コロン）でつなげると、「画面の赤いふちどりをつけたあと、消す」プログラムを作ることができます。

右のプログラムを入力して「Enter」キーをおすと、

```
LED1:LED0
```

画面に「OK」と出ますが、赤いふちどりが出なかったように見えます。

これは、コンピュータがものすごい速さで命令を実行するため、「LED1」のあとすぐに「LED0」が実行されてしまうからです。

そこで、プログラムに「待て」をさせます。

▶コマンドのかくにん ●●○

【WAIT】英語で「待つ」という意味。
指定した時間、そのまま待たせる。WAIT60 は、そのまま 1 秒待てという意味。

WAIT のうしろに待たせたい時間を数字で入力し、「：」（コロン）でつなげると、次のプログラムが実行されるまでの時間をおくらせることができます。IchigoJam では、1 秒を 60 として表します。赤いふちどりが 1 秒間ついてから消えるプログラムは、右のように表します。

```
LED1:WAIT60:LED0
```

WAIT60＝1 秒待つ　と覚えよう！

---

**3** 次の問題に答えましょう。　　　　　　　　　　　　　［1問 25点］

① 画面の赤いふちどりが、2 秒ついてから消えるプログラムを作ります。WAIT のうしろに入る数字として、正しいものを㋐〜㋓から選び、（　　　）に書きましょう。

```
LED1:WAIT(  ?  ):LED0
```

㋐ 2　　㋑ 20　　㋒ 120　　㋓ 200

（　　　　　）

② 次のプログラムで、画面の赤いふちどりがついている時間は何秒ですか。（　　　）にあてはまる数字を書きましょう。

```
LED1:WAIT360:LED0
```

（　　　　　）秒

74

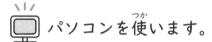

月　日　　時　分～　時　分

名前

点

🖥 パソコンを使います。

LED と WAIT を使って、画面の赤いふちどりが、1秒ごとについたり消えたりを
くり返すプログラムを作ります。

```
LED1:WAIT60:LED0:WAIT60:LED1:WAIT60:LED0:WAIT60:LED1……
```

上のように、同じプログラムを何度も書くことでも、くり返しのプログラムを作る
ことはできます。しかし、これでは長時間同じ動きをくり返すプログラムを作りた
いとき、プログラムを書くのが大変になってしまいます。
そこで、プログラムに行番号をつけ、自動でくり返すプログラムを作ります。

▶コマンドのかくにん　　　　　　　　　　　　　　　　　⚫⚪

【GOTO】：英語で「～へ行く」という意味。「GOTO10」のように、うしろに
つけた番号の行までプログラムを進めたり、もどしたりする。
【RUN】：英語で「走る」という意味。プログラムを実行する。
かわりに F5 キーをおしても実行できる。

行番号をつけたプログラムは、最後に RUN を入力して、「Enter」キーで実行します。
30 行で GOTO を使うことで、10 行目と 20 行目がずっとくり返されるプログラ
ムを作ることができます。

```
10 LED1:WAIT60
20 LED0:WAIT60
30 GOTO 10
RUN
```

プログラムを止めたいときは、キーボードの ESC キーか、
入力画面左下の ESC ボタンをおそう！

**1** ①・②の働きをする命令を、（　　）の中に書きましょう。　　[ 1問 25点]

① 行番号をつけたプログラムを実行する。　　　　　　　（　　　　　）

② 指定した行まで進んだり、もどったりする。　　　　　（　　　　　）

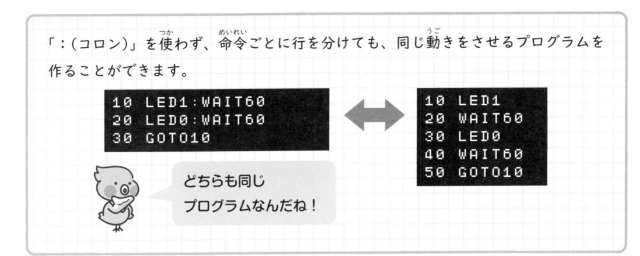

「：（コロン）」を使わず、命令ごとに行を分けても、同じ動きをさせるプログラムを作ることができます。

```
10 LED1:WAIT60
20 LED0:WAIT60
30 GOTO10
```

```
10 LED1
20 WAIT60
30 LED0
40 WAIT60
50 GOTO10
```

どちらも同じ
プログラムなんだね！

**2** IchigoJam web を使って、次の問題に取り組みましょう。

① 画面の赤いふちどりが、ついたり消えたりをくり返すプログラムを作ります。次のプログラムを、GOTO と「：」を使って、4行のプログラムに書きかえて、画面に入力しましょう。入力できたら、（ ）に〇を書きましょう。

［25点］

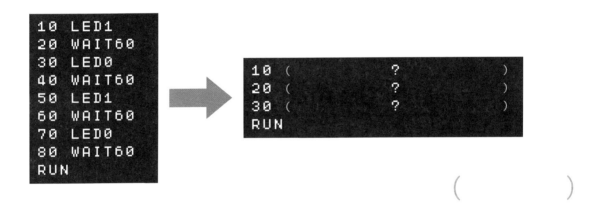

```
10 LED1
20 WAIT60
30 LED0
40 WAIT60
50 LED1
60 WAIT60
70 LED0
80 WAIT60
RUN
```

```
10 (          ?          )
20 (          ?          )
30 (          ?          )
RUN
```

（          ）

② ①のプログラムを「Enter」キーで実行しましょう。正しく実行できたら、（ ）に〇を書きましょう。

［25点］

（          ）

76

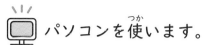

# プログラムのよび出しと消去

📺 パソコンを使います。

行番号は、「10 行、20 行、30 行…」と 10 行単位でつけます。そうすれば、あとから行と行の間にプログラムを付け加えたくなったときに便利です。たとえば、10 行目と 20 行目の間にプログラムを加えたいときは、11～19 のいずれかの行番号を加えます。プログラムに行番号をつけると、どんな順番で入力しても、IchigoJam web は行番号の小さい順に自動でプログラムを覚えます。

> ▶ **コマンドのかくにん**
>
> 【LIST】覚えているプログラムを画面によび出す。F4 キーでも実行できる。

10 行と 20 行のあとに 11～19 行と LIST を入力して「Enter」キーで実行すると、行番号の小さい順にプログラムが自動でならべかえられます。

```
10 BEEP10:WAIT60
20 BEEP30:WAIT60
15 BEEP20:WAIT60
LIST
```

⬇

```
10 BEEP10:WAIT60
15 BEEP20:WAIT60
20 BEEP30:WAIT60
```

入力画面では「Enter」キーで改行しても 1 行分のスペースを空けることはできないから、LIST をうまく使おう！

1. IchigoJam web の画面に次のプログラムを入力し、LIST を使って行番号の小さい順にならべかえましょう。ならべかえられたら、（　　）に○をつけましょう。

[ 1問 50点 ]

```
10 BEEP5:WAIT60
20 BEEP10:WAIT60
30 BEEP20:WAIT60
25 BEEP15:WAIT60
```

（　　）

【NEW】覚えているプログラムをわすれさせる。

CLS を使って画面に書かれているプログラムをすべて消しても、IchigoJam web は行番号がつけられたプログラムを覚えているので、LIST を実行してよび出すことができます。

新しいプログラムを作るために、IchigoJam web に覚えているプログラムをわすれさせたいときは、「NEW」を使います。「NEW」と入力して「Enter」キーで実行すると、プログラムは消えずにそのまま画面にのこっていますが、IchigoJam web はおぼえていたプログラムをわすれています。NEW を実行したあと、もう一度 CLS で画面をきれいにすると、今度は LIST を実行しても画面にプログラムがよび出されません。

**2** IchigoJam web を使って、次の問題に取り組みましょう。　［1問 25点］

① 次のはたらきをするコマンドとして、あてはまるものを（　）に書きましょう。

(1) 画面にあるものを消して、きれいにする　（　　　　）

(2) 覚えているプログラムを画面によび出す　（　　　　）

(3) 覚えているプログラムをわすれさせる　（　　　　）

② 表面**1**で入力したプログラムを、IchigoJam にわすれさせましょう。正しく実行できたら、（　　　）に○を書きましょう。

（　　　）

# 39 アニメーションを作ろう①

パソコンを使います。

**1** PRINTとGOTOを使って、記号や数字を連続でくり返し表示することで、アニメーションを作ることができます。IchigoJam webを使って、次の問題に取り組みましょう。

[1問 20点]

① 次のプログラムを入力し、「Enter」キーで実行しましょう。実行できたら、（　　）に〇を書きましょう。

```
10 PRINT"@"
20 PRINT"@@"
30 PRINT"@@@"
40 GOTO10
RUN
```

実行する前に、画面がどんな風に動くか予想してみよう！

（　　　　）

アニメーションを止めるときは、キーボードのESCキーか、画面下にあるESCボタンをおそう！

② WAITを使って、アニメーションの流れる速さを変えます。次のプログラムを入力し、「Enter」キーで実行しましょう。実行できたら、（　　）に〇を書きましょう。

```
10 PRINT"@":WAIT10
20 PRINT"@@":WAIT10
30 PRINT"@@@":WAIT10
40 GOTO10
RUN
```

（　　　　）

**2** IchigoJam web を使って、次の問題に取り組みましょう。　　[ 1問 20点 ]

① 次のプログラムを入力し、「Enter」キーで実行しましょう。実行できたら、
（　　）に〇を書きましょう。

```
10 PRINT"   *":WAIT10
20 PRINT"  *":WAIT10
30 PRINT" *":WAIT10
40 PRINT"*":WAIT10
50 GOTO10
RUN
```

今度はどんな風に
見えるかな？

（　　　　　）

② ①のアニメーションの流れる速さを、2倍速にしたいと考えています。
WAIT のあとの数字をどのように直せばよいでしょう。（　　　）の中に書きま
しょう。

WAIT（　　　　　）

③ PRINT、WAIT、GOTO を使って、自由にアニメーションを作ってみましょ
う。思い通りに実行できたら、（　　　）に〇を書きましょう。

（　　　　　）

アニメーションを止めるときは、キーボードの ESC キーか、
画面下にある ESC ボタンをおそう！

月　日　　時　分〜　時　分

名前

点

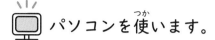 パソコンを使います。

---

IchigoJam web の入力画面で、「Alt」キーと、数字・アルファベットのキーや
「Shift」キーを同時におすと、「PRINT」と「CHR」を使わずに、ショートカット
でキャラクターを表示することができます。

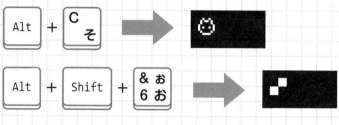

▼ショートカット一らん

| ＼ | A | B | C | D | E | F | G | H | I | J | K | L | M | N | O | P | Q | R | S | T | U | V |
|---|---|---|---|---|---|---|---|---|---|---|---|---|---|---|---|---|---|---|---|---|---|---|
| 10 |  |  |  |  |  |  |  |  |  |  |  |  |  |  |  |  |  |  |  |  |  |  |
| Shift+ |  |  |  |  |  |  |  |  |  |  |  |  |  |  |  |  |  |  |  |  |  |  |

| ＼ | 0 | 1 | 2 | 3 | 4 | 5 | 6 | 7 | 8 | 9 |
|---|---|---|---|---|---|---|---|---|---|---|
|  |  |  |  |  |  |  |  |  |  |  |
| Shift+ |  |  |  |  |  |  |  |  |  |  |

---

**1** 「Alt」キーを使って、画面に①〜③のキャラクターを表示しましょう。表示
できたら、（　）に〇をつけましょう。

[1問 20点]

①  （　　　）　　②  （　　　）　　③  （　　　）

一らんを見て、自分の好きなキャラクターを
画面に表示してみよう！

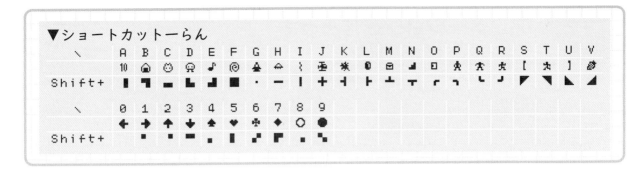

▼ショートカットーらん

**2** キャラクターのショートカットを使って、IchigoJam web でアニメーション を作ります。

① 次のプログラムを入力し、「Enter」キーで実行しましょう。実行できたら、 （　　）に○をつけましょう。 [10点]

```
10 PRINT "▲":WAIT5
20 PRINT " ":WAIT5
30 PRINT "   ▲":WAIT5
40 PRINT " ":WAIT5
50 GOTO10
RUN
```

（　　　　）

② ①のアニメーションの流れる速さを、おそくしたいと考えています。 WAIT のあとの数字をどのように直せばよいでしょう。あ〜うからあてはま るものをすべて選び、（　　）の中に書きましょう。 [10点]

あ WAIT1　　い WAIT10　　う WAIT15

（　　　　）

③ PRINT、WAIT、GOTO、キャラクターのショートカットを使って、自由 にアニメーションを作ってみましょう。思い通りに実行できたら、（　　）に ○をつけましょう。 [20点]

（　　　　）

　　　　　　　　　　　　　　　　　　　　　　　© くもん出版

月 日 時 分〜 時 分

名前

点

📺 パソコンを使います。

**1** IchigoJam で音を鳴らすために、次のプログラムを作りました。BEEP の
あとの数字は、それぞれなにを表していますか。説明として正しいものに〇
をつけましょう。 [ 20点 ]

```
BEEP10,5
```

( ) 10 が音の種類、5 が音の高さ

( ) 10 が音の大きさ、5 が音の高さ

( ) 10 が音の長さ、5 が音の高さ

( ) 10 が音の高さ、5 が音の長さ

**2** PRINT を使って、次の文字を IchigoJam の画面に表示しましょう。正しく
実行できたら、( )に〇を書きましょう。 [ 1問 5点 ]

① DOG&CAT ( )

② 100%ORANGE ( )

③ ＊WELCOME＊ ( )

**3** IchigoJam において、プログラムに次のはたらきをさせるコマンドを、ア
ルファベットで( )の中に書きましょう。 [ 1問 5点 ]

① 画面にあるものをすべて消す。 ( )

② 画面に赤いふちどりを出す。 ( )

③ 指定した行まで進んだり、もどったりする。 ( )

**4** WAIT を使って、プログラムに「待て」をさせます。次の秒数だけ待たせたいとき、WAIT のあとにはどのような数字を入力すればよいでしょう。あてはまる数字を（　　　）に書きましょう。

[ 1問 5点 ]

① 1秒 → WAIT（　　　　　）

② 3秒 → WAIT（　　　　　）

**5**「Alt」キーとキャラクターのショートカットを使って、画面にキャラクターを表示します。

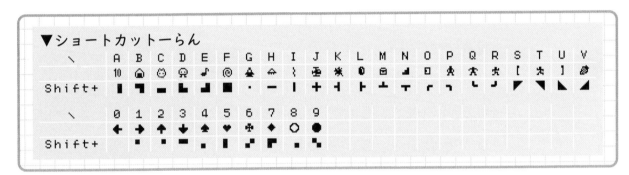

① 画面に次のキャラクターを表示するキーの組み合わせとして、正しいものを1つ選び、（　　）に〇をつけましょう。

[ 10点 ]

表示するキャラクター： 🏃

（　　　　）「Alt」＋「O」

（　　　　）「Alt」＋「Q」

（　　　　）「Alt」＋「Shift」＋「Q」

② 次のキャラクターを画面に表示しましょう。表示できたら、（　　）に〇をつけましょう。

[ 1問 10点 ]

[1] 🏵 （　　　　　）　[2] 〇 （　　　　　）　[3] ◾ （　　　　　）

月　日　　時　分〜　時　分

名前

点

1　ケーキを作ります。右のメモの通りに作られたケーキはどれですか。あ〜う から1つ選び、（　　　）に書きましょう。　　　　　　　　　　　　　[ 25点]

あ　　　　い　　　　う

1. 四角いスポンジを置く
2. いちごをのせる
3. 四角いスポンジを置く
4. みかんをのせる
5. 丸いスポンジを置く

（　　　　　）

2　フローチャートを使って、1こ150グラムのおにぎりを4こ作ります。フローチャートのあいているところには、あ〜えのうちどれがあてはまるでしょう。1つ選び、（　　　）に書きましょう。　　　　　　　　　　　[ 25点]

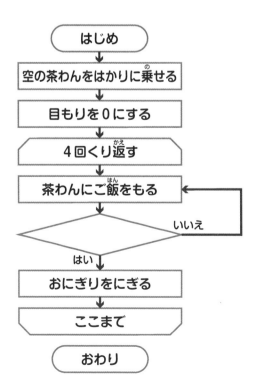

はじめ
↓
空の茶わんをはかりに乗せる
↓
目もりを0にする
↓
4回くり返す
↓
茶わんにご飯をもる
↓
いいえ
↓はい
おにぎりをにぎる
↓
ここまで
↓
おわり

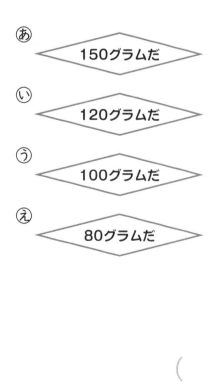

あ　150グラムだ

い　120グラムだ

う　100グラムだ

え　80グラムだ

（　　　　　）

**3** ロボットのハル、ナツ、アキに命令するプログラムを作ります。プログラムは、次の決まりにしたがって作ります。次の問題に答えましょう。 ［1問 15点］

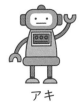

ハル　　　　　　ナツ　　　　　　アキ

> **プログラムの決まり**
>
> (1) 命令したいロボットの名前を最初に書き、命令したい内ようを、ロボットの名前のうしろに「！」（エクスクラメーション）でつなげて書く。
>
> 〈例〉
>
> ハルを歩かせる命令→　ハル！歩く
>
> (2) 2体または3体のロボットに、同時に同じ命令をしたいときは、ロボットの名前を「＆」（アンド）でつなげて命令する。

① アキに歌わせるプログラムを、（　　　）に書きましょう。

(　　　　　　　　　　　　　　　　　　　　　　　　　　　　　　　)

② ハルとナツに体そうをさせるプログラムを、（　　　）に書きましょう。

(　　　　　　　　　　　　　　　　　　　　　　　　　　　　　　　)

**4** 数を入れたり、出したりできる箱があります。箱は、数字のかわりに計算に使うことができます。箱A・箱Bに次の数が入っているとき、計算の答えを（　　）の中に書きましょう。

［20点］

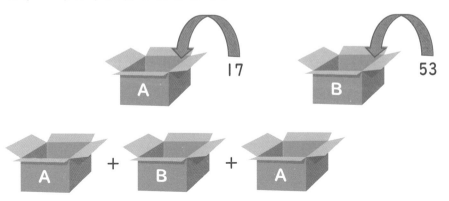

(　　　　　　)

月　日　　時　分〜　時　分

名前

点

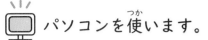　パソコンを使います。

**1** IchigoJam web を使って、次の問題に答えましょう。　　　［1問 15点］

① 次のように、画面の赤いふちどりがしばらくついてから消えるプログラムを作りました。赤いふちどりがついている時間は何秒ですか。（　　　）にあてはまる数字を書きましょう。

```
LED1:WAIT720:LED0
```

（　　　　　）秒

② 画面の赤いふちどりが5秒後に消えるプログラムを画面に入力し、「Enter」キーで実行しましょう。正しく実行できたら、（　）に〇を書きましょう。

（　　　　　）

③ 次のプログラムを画面に入力し、「Enter」キーで実行しましょう。正しく実行できたら、（　）に〇を書きましょう。

```
10 LED1:WAIT30
20 LED0:WAIT30
30 GOTO10
RUN
```

（　　　　　）

④ 画面の赤いふちどりが、「1秒光って1秒消える」→「2秒光って2秒消える」をこうごにくり返すプログラムを画面に入力し、「Enter」キーで実行しましょう。正しく実行できたら、（　）に〇を書きましょう。

（　　　　　）

IchigoJam web を使って、次の問題に取り組みましょう。

① 次のプログラムを入力し、「Enter」キーで実行しましょう。実行できたら、
（　）に○を書きましょう。

[ 20点 ]

```
10 PRINT"   *"
20 PRINT"  **"
30 PRINT"***"
40 PRINT"  **"
50 PRINT"   *"
60 GOTO10
RUN
```

（　　　　　　）

② ①のアニメーションの「*」「**」「***」があらわれる速さを、それぞれ１
秒おきにしたいと考えています。次のプログラムの中の［1］［2］にあては
まるコマンドや数字を（　　　　）に書きましょう。

[ 1問 10点 ]

```
10 PRINT"   *":( [1] )( [2] )
20 PRINT"  **":( [1] )( [2] )
30 PRINT"***":( [1] )( [2] )
40 PRINT"  **":( [1] )( [2] )
50 PRINT"   *":( [1] )( [2] )
60 GOTO10
RUN
```

［1］（　　　　　　）

［2］（　　　　　　）

アニメーションを止めたいときは、キーボードの ESC キーか、
画面下にある ESC ボタンをおそう！

## 1 順次①　　3・4ページ

**1**
① う
② え

**2**
① う
② え
③ う
④ い

▶ポイント ●●

ロボットは「ロボットから見て前」に進み、「ロボットから見て右（または左）」に向きを変えます。むずかしければ、問題用紙を回転させ、ロボットが進む方向をマスにメモしながら考えるとよいでしょう。

## 2 順次②　　5・6ページ

**1**
① あ
② え
③ え

**2**
① ↱ ↑ ↲
② ↱ ↑ ↑
③ ↑ ↱ ↑
④ ↱ ↑ ↱

## 3 順次③　　7・8ページ

**1**
① う
② い

**2**
① ↑ ↱ ↑ ↑
② ↑ ↲ ↑ ↑
③ ↲ ↑ ↑ ↲ ↑

## 4 くり返し①　　9・10ページ

**1**
① あ
② う

**2**
① 6
② 2
③ 2
④ 3

▶ポイント ●○

ロボットが同じ動きをくり返します。あ〜うの通りに進むとどうなるか、マスにメモしながら考えるとよいでしょう。

**くり返し②** 11・12ページ

**1** ① ⑤
② ⑥

**2** ① 5
② 2
③ 4、3
④ 4、2

**6** **くり返し③** 13・14ページ

**1** ① 7
② 2、3

**2** ① 1、3、3、5、5、3
② 93、3、251、2、1、3
③ 152、2、2、2、
234、3

▶ポイント ●●○

**1** 指定された動きを何度くり返せば
ゴールに近づくか、また、近くまで
来たら、どうすれば1つの動きのく
り返しだけでゴールのマスまで行け
るかを考えます。

**7** **分岐①** 15・16ページ

**1** ⑤（　　）⑥（ ○ ）⑦（　　）

⑧（　　）⑨（　　）⑩（　　）

**2** ① ⑥
② ⑧

▶ポイント ●○

ロボットの進み方のルールをかくにんし
ながら、ロボットが進む方向に線を引き
ながら考えるとよいでしょう。

**8** **分岐②** 17・18ページ

**1** ⑥

**2** ① ⑥
② ⑤

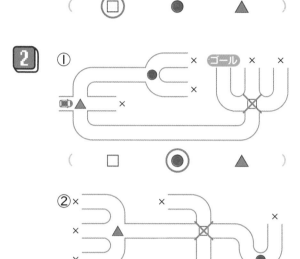

1

( ☐　●　▲ )

2 ①

( ☐　◉　▲ )

②

( ☐　◉　▲ )

1 ①（い）　②（あ）

2 ①（い）　②（う）　③（あ）

▶ポイント　●●

生活の動作も、フローチャートで表すことができます。フローチャートでは、「はじめ」と「おわり」はだ円形、「順次」の動きは長方形で表します。

1 ①（え）　②（い）

2 ①（え）　②（い）

▶ポイント　●○

ロボットは「ロボットから見て前」に進み、「ロボットから見て右（または左）」に向きを変えます。むずかしければ、問題用紙を回転させ、ロボットが進む方向をマスにメモしながら考えるとよいでしょう。

1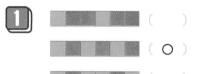

2 ①（い）
　②（あ）

1　① あ

　　② い

2　① あ

　　② あ

1　① う

　　② い

2　① う

　　② い

▶ポイント　　　　　　　　　　　●○

くり返しのプログラムには、決められた
回数をくり返すものと、条件が満たされ
るまで同じ動きをくり返すものがありま
す。決められた回数をくり返すプログラ
ムのフローチャートでは、⬡ と
⬡ の間の動きが、⬡ で指定
された回数だけくり返されます。

1　あ

2　① え

　　② う

▶ポイント　　　　　　　　　　　●○

分岐のプログラムでは、◇ に書か
れた条件を満たしているかどうかによっ
て、次に実行する手順が変わります。条
件を満たさないかぎり、前の手順にもど
る「くり返し」のプログラムとしても使
うことができます。

1　① う

　　② あ

2　① う

　　② あ

▶ポイント　　　　　　　　　　　●○

くり返す回数が決められているフロー
チャートです。⬡ と ⬡ の
間に分岐の条件が入っている場合、「条件
によって次の手順を変える」動きが、
⬡ で指定された回数分くり返され
ることになります。

## 17 くり返しと分岐のある プログラム③ 35・36ページ

**1**
① ⓘ
② ⓐ

**2**
① ⓔ
② ⓘ

## 18 かくにん問題① 37・38ページ

**1**
① ⓤ
② ⓘ

**2**
① ⓤ
② ⓚ
③ ⓚ
④ ⓚ

▶ポイント

**2** ①赤、青、黄の折り紙がそれぞれ 20 まい、合わせて 60 まいあるので、すべての折り紙を折りおえるまで、同じプログラムを 60 回くり返すことになります。

## 19 コンピュータへの命令① 39・40ページ

**1**
① ⓤ
② アキ！ジャンプをする

**2**
① ⓘ
② （ 2 ） ハル！そうじきをかける
　（ 3 ） ナツ！水ぶきをする
　（ 1 ） アキ！はたきをかける

▶ポイント

コンピュータに人間の言葉をそのまま伝えても、コンピュータは理解することができません。コンピュータに命令を伝えるための言葉を「プログラミング言語」といい、プログラミング言語の種類によって、使える言葉や文法などのルールが決まっています。この問題では、架空のプログラミング言語を使って、ルールにそってコンピュータに命令を伝える練習をします。

**1**　① ⑤
　　② ⑥

**2**　① ⑧
　　② ⑤

**3**　① 明かり１：明かり０
　　② 明かり１：明かり０：明かり１

**1**　① ⑧、⑥
　　② ⑥、⑤、⑦

**2**　①　（　　）　音が出る　10,15
　　　　（ ○ ）　音を出す　10,15
　　　　（　　）　音を出す　15,10
　　　　（　　）　出す音を　10,15
　　② ⑦、⑩

**1**　① ⑤
　　② かく "ハローワールド "

**2**　① ⑤
　　② かく　28/7
　　③ （解答例）
　　　かく　2*60

▶ポイント　　　　　　　　　● ○

**2** ③計算式の書き方のちがいに気をつけて、プログラムの決まり通りに、答えが120になるプログラムを書くことができれば正解です。おうちのかたにかくにんしてもらいましょう。

**1** **2**　正しく読めたか、おうちのかたにかくにんしてもらいましょう。

**1**
① 6
② 4

**2**
① 9
② 15
③ 15
④ 18

▶ポイント　●●

問題の「箱」のように、名前をつけて数などのデータを出し入れすることができるものを「変数」といい、プログラミングでよく使用されます。
実際の変数も、「最後に入力されたデータ」だけが入ります。
算数のように、あとから数を入れても箱の中で足し算されることはないので、注意しましょう。

**1**
① 20
② 10
③ 17

**2**
① 20
② 10
③ 23
④ 18

**1**
① 10
② 7

**2**
① 14
② 11
③ 12

▶ポイント　●○

実際のプログラミングでも、すでにデータを入れた変数を使って、同じ名前の変数に新しくデータを入れることができます。

## 27 変数④　55・56ページ

**1**
① 17
② 22

**2**
① 5
② 18
③ 36

## 28 かくにん問題②　57・58ページ

**1**
① 50
② 4
③ 65

**2**
① (1) ③　(2) ①
② アキ！明かり１：明かり０

## 29 IchigoJam web の準備をしよう①　59・60ページ

**1** **2** IchigoJam web のページを開いて、画面に正しく入力できれば正解です。おうちのかたにかくにんしてもらいましょう。

## 30 IchigoJam web の準備をしよう②　61・62ページ

**1** ①～③　見本通りに、画面に入力できれば正解です。

**2** ①・②　見本通りに、画面に入力できれば正解です。
③　CLS

▶ポイント　● ○

IchigoJam web では、「Enter」キーをおすことで、プログラムがコンピュータに読みこまれます。プログラムを入力したり、直したりするときは、１行ごとに「Enter」キーをおすのをわすれないようにしましょう。

**1** ①・② 問題文通りに実行できれば正解です。おうちのかたにかくにんしてもらいましょう。

**2** ① 次のプログラムを入力して「Enter」キーで実行し、音を出すことができれば正解です。

(1) `BEEP15,10`

(2) `BEEP30,40`

(3) `BEEP45,100`

② BEEP 5,20 （　　）

PEEB 10,35 （　　）

BEEP 15,20 （　　）

BEEP 15,35 （　○　）

BEEP 25,40 （　　）

▶ポイント

IchigoJam web で音を出すときは、画面右下の「AUDIO ON」ボタンがおされているか、また、パソコン本体のスピーカーがオンになっているかをかくにんしましょう。

**1** 見本通りに画面に入力して「Enter」キーで実行し、「ドレミ」の音を出すことができれば正解です。

**2** 次のプログラムを入力して「Enter」キーで実行し、音を出すことができれば正解です。

`PLAY"C D E C E C E"`

**3** 見本通りに画面に入力して「Enter」キーで実行し、「ドレミファソラシド」の最後の「ド」の音だけ1だんかい高い音を出すことができれば正解です。

**4** 次のプログラムを入力して「Enter」キーで実行し、あとから同じ音が出てきたとき、1だんかい高い音が出れば正解です。

`PLAY"O3 C D E F G A B O4 C D E F G A B O5 C"`

**1** 次のプログラムを入力して「Enter」キーで実行し、画面に文字を表示することができれば正解です。

① `PRINT"GOOD"`
② `PRINT"THANK YOU"`
③ `PRINT"HOW ARE YOU?"`

**2**
( 　 ) PRINT APPLE
( ○ ) PRINT "APPLE"
( 　 ) APPLE PRINT
( 　 ) "APPLE" PRINT

**3** 次のプログラムを入力して「Enter」キーで実行し、画面に文字を表示することができれば正解です。

①
`PRINT"HELLO, MY NAME IS AOI."`
②
`PRINT"DO YOU LIKE DOGS?"`
③
`PRINT"YES, I LOVE DOGS."`

**1**
① 1529
② 1603
③ 12719
④ 8010
⑤ 18049

**2**
① 58
② 58
③ 288
④ 3846
⑤ 1803

**3**
( 　 ) PRINT 35 × 65
( 　 ) PRINT "35*65"
( 　 ) PRINT "35 × 65=
( ○ ) PRINT 35*65

**4** 次のプログラムを入力して「Enter」キーで実行し、答えとして「21」が返されれば正解です。

```
PRINT 20727/987
21
OK
```

**5** 16960

**1**
① 142
② 229
③ 235

**2**
① ⓐ　PRINT CHR&(237)　（　　）
　ⓘ　PRINT"CHR$(237)"（　　）
　ⓤ　PRINT CHR$(237)　（ ○ ）
② 次のプログラムを入力して「Enter」キーで実行し、画面にキャラクターを表示することができれば正解です。

```
PRINT CHR$(255)
```

**1**
（　　）LED0
（ ○ ）LED1
（　　）RED0

**2**
次のプログラムを入力して「Enter」キーで実行し、問題文通りに実行できれば正解です。
①
```
LED1
```
②
```
LED0
```

**3**
① ⓤ
② （ 6 ）秒

▶ポイント

WAIT60=1秒待つ、という命令になります。WAITのうしろの数字を60より小さくすることで、プログラムに「待て」をさせる時間を1秒より短くすることもできます。

**1** ① RUN

    ② GOTO

**2** ① 次のプログラムを画面に入力できれば正解です。

```
10 LED1:WAIT60
20 LED0:WAIT60
30 GOTO10
RUN
```

    ② ①のプログラムを実行し、画面の赤いふちどりが「|秒ついて|秒消える」動きがくり返されれば正解です。

**1** 行の最後に LIST を入力して実行し、次のように行番号の小さい順にならびかえることができれば正解です。

```
10 BEEP5:WAIT60
20 BEEP10:WAIT60
25 BEEP15:WAIT60
30 BEEP20:WAIT60
```

**2** ① (1) CLS    (2) LIST

      (3) NEW

    ② 「NEW」コマンドを入力し、「CLS」で画面をきれいにしたあと、「LIST」を入力しても画面に表面**1**のプログラムがよび出されなければ正解です。

## 39 アニメーションを作ろう①

**1**
① 見本通りに画面に入力して「Enter」キーで実行し、アニメーションを動かすことができれば正解です。

② 見本通りに画面に入力して「Enter」キーで実行し、①よりもアニメーションがゆっくり動けば正解です。

**2**
① 見本通りに画面に入力して「Enter」キーで実行し、アニメーションを動かすことができれば正解です。

② WAIT（ 5 ）

③ 自由に画面にプログラムを入力して「Enter」キーで実行し、思い通りのアニメーションを作ることができれば正解です。おうちのかたにかくにんしてもらいましょう。

▶ポイント ●● ○

**1** 記号などを連続でくり返し表示させることで、アニメーションを表現することができます。作ったアニメーションが何に見えるか、おうちのかたと話し合ってみましょう。

**2** ② WAITのうしろの数字が小さいほど、アニメーションの動きは速くなります。WAIT10の2倍の速さにするには、10の1/2である5をWAITのうしろに入力します。

## 40 アニメーションを作ろう②

**1**
次のキーを使って、画面に問題と同じキャラクターを表示できれば正解です。

① 「Alt」＋「6」

② 「Alt」＋「V」

③ 「Alt」＋「Shift」＋「N」

**2**
① 見本通りに画面に入力して「Enter」キーで実行し、アニメーションを動かすことができれば正解です。

② ①、③

③ 自由に画面にプログラムを入力して「Enter」キーで実行し、思い通りのアニメーションを作ることができれば正解です。おうちのかたにかくにんしてもらいましょう。

▶ポイント ●● ○

**2** ② WAITのうしろの数字が大きいほど、アニメーションの動きはおそくなります。WAIT 5よりもおそくするには、5より大きい数をWAITのうしろに入力します。

▶ポイント

**1** BEEP のうしろの数字は、「,」の左の数字が音の高さ、右の数字が音の長さを表します。

**1**
( 　 )10が音の種類、5が音の高さ
( 　 )10が音の大きさ、5が音の高さ
( 　 )10が音の長さ、5が音の高さ
( ○ )10が音の高さ、5が音の長さ

**2** 次のプログラムを入力して「Enter」キーで実行し、画面に文字を表示することができれば正解です。

① `PRINT"DOG&CAT"`
② `PRINT"100%ORANGE"`
③ `PRINT"*WELCOME*"`

**3**
① CLS
② LED1
③ GOTO

**4**
① 60
② 180

**5**
① ( 　 )「Alt」+「O」
　 ( ○ )「Alt」+「Q」
　 ( 　 )「Alt」+「Shift」+「Q」

② 次のキーを使って、画面に問題と同じキャラクターを表示できれば正解です。
[1] 「Alt」+「J」
[2] 「Alt」+「8」
[3] 「Alt」+「Shift」+「6」

## 42 まとめ問題① 　85・86ページ

**1** ⓘ

**2** ⓐ

**3** ① アキ！歌う
② ハル＆ナツ！体そうをする

**4** 87

## 43 まとめ問題② 　87・88ページ

**1** ① 12秒
② 次のプログラムを入力して「Enter」キーで実行し、画面の赤いふちどりが5秒後に消えれば正解です。

```
LED1:WAIT300:LED0
```

③ 見本通りに画面に入力して「Enter」キーで実行し、画面の赤いふちどりが0.5秒ごとについたり消えたりすれば正解です。

④ 次のプログラムを入力して「Enter」キーで実行し、画面の赤いふちどりが「1秒光って1秒消える」→「2秒光って2秒消える」動きがくり返されれば正解です。

```
10 LED1:WAIT60
20 LED0:WAIT60
30 LED1:WAIT120
40 LED0:WAIT120
50 GOTO10
RUN
```

**2** ① 見本通りに画面に入力して「Enter」キーで実行し、アニメーションを動かすことができれば正解です。
② ［1］ WAIT　　［2］ 60

# タイピング練習ボードの使い方

## ホームポジション

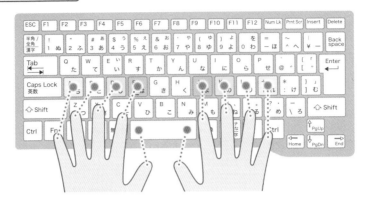

## それぞれの指でおすキー

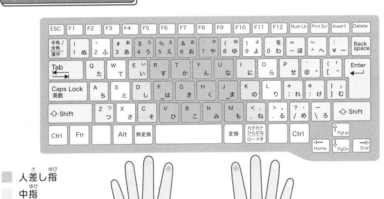

■ 人差し指
□ 中指
　薬指
　小指

左手　　　　　　　　　　　　右手

## タイピング練習ボードを使って、タイピングの練習をしましょう。

**1** 上の図を見て、それぞれの指をキーボードのホームポジションに置きましょう。人差し指のホームポジションてある「F」と「J」のキーには、たいていこぶのようなふくらみがついていて、さわっただけでわかるようになっています。

**2** それぞれのキーは、どの指で打つかが決まっています。ボードを見て、キーの位置や働きをかくにんしながら、文字を入力してみましょう。はじめはむずかしく感じますが、なれれば早く入力できるようになります。

**3** 打ちおわったら、指をホームポジションにもどしましょう。

※キーの配置は、機種によってことなります。